나에게
솔직해질 용기

Growth
Mindset

나에게
솔직해질 용기

박 성 옥　지 음

나의 감정을
들여다보고 나서야 찾게 된
맞춤형 마인드셋

오늘보다
더욱 행복한
내일을 위해

용감미디어

Prologue

입시, 취업, 결혼, 등과 같은 어려운 관문을 통과하고 모든 것을 이루어낸 어른이 되면 평안하고 행복한 삶을 누리며 살 수 있을 거라 기대했었다. 어느새 어른이 되어보니, 어린 시절의 기대와는 다르게 예상치 못했던 무거운 짐을 짊어지고 가까스로 살아가고 있는 나를 발견했다.

미국에서 종신교수가 되고부터는 어떤 목적지를 향해 달려야 할지 더 이상 이정표가 보이지 않았다. 열심히 올라온 정상에는 내가 찾던 행복은 어디에도 없고 우울증이 기다리고 있었다. 당당한 교수이자 씩씩한 엄마의 모습은 껍데기일 뿐이었다. 우울함을 이겨내려 꾸역꾸역 애쓰고 있었다. 상처투성이인 알맹이를 누구에게도 들키고 싶지 않았다. 나 자신조차도 이런 내 모습을 인정하고 싶지 않아서 더 강한 척, 더욱 태연한 척 감추고 살다 보니 어두운 터널에 혼자만 남겨진 것 같았다.

끝이 안 보이는 터널 속에서 헤매고 있던 와중에 '거울'을 찾게 되었다. 바로 스스로를 직면하고 나에게 솔직해질 용기를 내도록 해줄 거울이었다. 그 거울 앞에 서서 나의 감정을 들여다보며 묻고 또 물었다.

"지금 나는 왜 행복하지 않을까? 왜 끝이 보이지 않는 목적지를 향해 끊임없이 달려야 하는 걸까? 무엇이 나를 이렇게 우울하게 만드는 걸까?"

스스로에게 용기를 내어보니 비로소 껍데기 속에 숨어 있는 나를 꺼내어 만날 수 있게 되었다. 이 과정을 통해 지쳐 있는 나를 용서하고, 인정하고, 칭찬하고, 사랑할 용기가 생겼다. 그리고 나서야 참 행복을 이루기 위해 매일 성장하는 어른이 되어가는 방법을 배우게 되었다. 어른도 힘들면 울고, 지치면 쉬어가고, 버거우면 내려놓고, 어려우면 도움을 요청할 수 있는 연습이 필요하다. 그동안 삶의 관문을 통과하느라 힘들고 지쳤다면, 이제는 숨통을 트여주고 가슴을 뛰게 하는 일을 찾아서 즐길 수도 있어야 행복한 어른이 될 수 있다.

행복한 어른이 되려면 직업이나 학벌로 인한 그깟 체면 때문에 해보고 싶은 일을 자제할 필요는 없다. 그래서 사회적 편견을 뒤로하고 죽어가는 나를 살리기 위해 달려간 곳이 호텔이었다. 주중에는 대학에서 교수로, 주말에는 호텔에서 하우스키핑 아르바이트를 하면서 매일 마음이 조금씩 단단해지는 과정을 기록하기 시작했다.

나를 위한 건강한 선택은 무엇인지, 더 행복해지기 위

한 성장 마인드셋은 어떻게 길러나가는지, 정장을 입었을 때와 하우스키핑 유니폼을 입었을 때 말과 행동이 일치한지, 세상이 만들어놓은 고정관념에 묻혀서 그것과 타협하느라 내 가치관이 흔들리지는 않았는지, 그로 인해 행복할 수 있는 권리를 빼앗기지는 않았는지 등, 유튜브 〈교수엄마〉 채널에 영상으로는 담지 못했던 깊은 내면과의 대화를 글로 나눌 수 있게 되어 행복하다.

어제보다 조금 더 행복한 오늘, 오늘보다 더욱 행복한 내일을 위해 자신에게 손을 내어줄 이 책을 읽는 모두를 응원한다.

박성옥

나를 직면해야
비로소 보이는 것들

3장

가만히 있으면 아무 일도 일어나지 않는다

그 누구도 아닌
'나'로 살아가기

1장

나를 직면해야
비로소 보이는 것들

출산 직전까지 논문 쓴 교수엄마입니다

이루고자 하는 목표가 있다면

지금에 와서야 추억이라며 웃으며 말할 수 있지만 남편과 함께 미국에서 유학 생활을 시작했을 때, 정착하는 과정에서 어려운 생활을 거쳤다.

온라인 쇼핑이 지금처럼 흔하지 않았던 때라 당시 이민 가방만 달랑 들고 연고지가 없는 미국으로 왔던 많은 유학생은 아마도 비슷한 경험을 했을 것이다. 텅 빈 아파트에 도착한 우리는 제대로 된 가구가 갖춰지기까지 바닥에서 잠을 자고, 엎어 놓은 빈 상자를 식탁 삼아 한국에서 비상식량으로 갖고 온 라면으로 끼니를 때우기도 했다.

출국할 때만 해도 천 원이 안 되던 환율이 서브프라임 모기지 사태(미국에서 부동산 거품이 꺼진 후 발생한 경제 위기 사건)로 환율이 두 배로 올랐을 때는 밀가루로 몇 주간 버티기도 했다. 그때는 부부가 함께했기에 이 모든 난관이 조금도 힘들지 않았다. 이 당시에 많은 유학생이 공부를 포기하고 귀국을 결정했다. 우리는 서로에게 기댈 수 있는 든든한 버팀목이 되어 어느 때보다도 이 힘든 시기를 잘 이겨냈다.

석사과정을 마칠 때쯤 지도 교수님이 박사과정에 뜻이 있는지 물어오셨다. 박사과정을 하면 학비도 면제될 뿐 아니라 격주로 받는 장학금으로 아파트 월세도 낼 수 있었다. 거절할 수 없는 제안이었다. 그렇게 무턱대고 박사과정을 시작했다. 그리고 남편은 복직을 위해 귀국해야만 했다. 더군다나 내 뱃속에는 그리도 원하던 아이가 있었지만, 3년간의 장학금 기회를 놓칠 수는 없었다. 일단 3년간 박사과정을 수료하고 논문은 한국에 귀국하여 쓰기로 결정했다.

신생아를 맘껏 안아볼 새도 없이 귀국해야만 했던 남편의 발은 얼마나 무거웠을까. 남편의 뒷모습을 보며 엉엉 울었던 나는 또 얼마나 힘들었는지 그날의 이별은 지금도 생각할 때마다 가슴이 찡하다.

아이는 낳기만 하면 되는 줄 알았다. 신생아를 안고 공부를 한다는 것이 어떤 것인지 현실적인 상황은 전혀 예상치 못했다. 육아에는 정말 무지했기에 어마어마하게 용감한 결정을 내렸다. 두 시간에 한 번씩 일어나 모유 수유를 하며 한 손에는 아기를, 다른 한 손에는 읽을거리를 들고 밤낮 구분 없이 전쟁 같은 생활이 시작되었다.

스마트폰이 세상에 나오기 전이기도 했고 남편은 당시 최전방에서 철책 근무를 설 때라 남편과의 통화는 매우 뜸했다. 생사 확인 차 안부 전화를 할 때면 우린 서로에게 잘 지내고 있으니 걱정하지 말라며 태연한 척했다. 굳이 말하지 않아도 각자의 자리에서 얼마나 기를 쓰고 버티고 있는지를 잘 알기에 우린 서로 감히 힘들다는 단어를 입에 담지 못하였다.

나는 학교에 갈 때 책가방은 등에 메고, 무식하게도 커서 책가방에 들어가지 않던 노트북은 서류 가방에 담아 오른쪽 어깨에, 구식의 유축기 가방은 왼쪽 어깨에 걸치고, 손에는 모유를 보관할 아이스박스를 들고 다녔다. 수업과 수업 사이 화장실로 달려가 변기에 앉아 유축을 해야 했다. 배가 고파 죽겠는데 수업에 지각할세라 뭘 먹을 새도 없이 허겁지겁 강의실에 들어서기 바빴다. 허기진 배를 달래가며 수업을 듣다가 졸기 일쑤였다.

　그렇게 3년간 고군분투하고 한국에 귀국하여 둘째가 생겼다. 둘째는 한국에서 출산하고 몸조리도 제대로 하고 싶었다. 그런 호화스러운 상상도 잠시. 예상치 못한 지도 교수님의 은퇴 선언 이메일을 받았다. 교수님의 은퇴 전에 논문을 마무리 지어야 졸업할 수 있기에 나는 불러오는 배를 안고 미국행을 결정했다.

　모두가 미국행을 말렸지만 나는 확고했다. 어떻게 버틴 3년인데 박사 수료로 끝내기에는 너무나도 억울했다. 꼭 논문을 마무리 짓고 박사 학위 취득을 해서 '박사엄마'가 되어야겠다는 새로운 목표를 갖고 미국으로 향했다.

　안 돌아올 줄 알았다며 노심초사하셨던 교수님은 양손으로 우리를 반겨주셨다. 둘째까지 나오면 논문이 지연되니 출산 전까지 전속력으로 달리라며 'Full Speed'를 강조하셨다. 논문을 최대한 많이 써서 분만실 들어가기 전에 초안을 넘기는 게 목표가 되었다.

인생의 새로운 챕터를 여는 일

친구같이, 딸같이 나를 챙겨주시던 지인 댁에 첫째를 맡기고 여행 가방에 출산 준비물을 주섬주섬 챙겨서 분만실로 향했다. 기적같이 논문 초안이 어느 정도 완성되었다. 딱한 번만 더 읽어보고 넘기겠노라고 분만실에서 논문을 읽고 있으니 간호사들이 난리도 아니었다. 안정을 취해야 한다며 차갑게 컴퓨터를 빼앗아 갔다. 그게 뭐라고 출산을 앞둔 임산부가 세상을 잃은 듯 통곡하니 순식간에 간호사들에게 둘러싸여 황당한 구경거리가 되어버렸다. 전송 버튼을 누르기만 하면 된다고 사정사정하여 가까스로 교수님께 논문 파일을 전송하고 둘째를 낳았다.

논문 초안을 받은 지도 교수님은 어찌나 감동받으셨는지 동네방네 떠들고 다녔고, 학과 전체에 출산 직전까지 논문 쓴 학생으로 소문이 나버렸다. 이후 박사 학위 마지막 관문인 심사 과정을 거치기까지 둘째는 거의 학과 비서의 손에 컸다. 첫째를 어린이집에 맡기고, 둘째를 유모차에 싣고 연구실로 향했다. 엘리베이터에서 내리면 학과 비서가 뛰어나와 둘째를 납치해 가듯 데리고 갔다. 기저귀 가방이 걸려 있는 유모차를 밀고 가서는 비서 사무실에서 여러 명의 직원들이 돌아가며 둘째를 돌보아 주었다.

그렇게 전설적인 '애 엄마 유학생'이 결국 박사 학위를 따고 '교수엄마'가 되었다. 한 치의 고민도 없이 우리는 인생의 새로운 챕터를 향해 계속 전진하기로 했다. 남편은 한국에서 맡은 임무를 다하고, 나는 미국에서 교수의 삶을 시작했다. 그동안 한국과 미국을 오가며 손녀들을 봐주시던 부모님들은 우리가 어떤 환경에서 어떤 어려움들을 극복해 왔는지 가장 가까이서 지켜봐 주셨다. 그런 양가 부모님들은 우리가 어떠한 선택을 해도 믿고 전폭적으로 지지해 주신다.

반면 부부가 멀리 떨어져 사는 우리 가족에게 걱정스레 한마디씩 하는 사람들이 있다. 각자의 자리에서 열심히 살고 있는 우리 부부에게는 떨어져 있는 거리를 단단히 이어주는 꿈과 계획이라는 다리가 있다. 같은 꿈을 향해 달리는 우리는 오지랖이 넓은 주변 사람들의 잡음까지 반응을 해줄 가치가 없다는 결론을 내렸다. 그래서 **우리를 대신해서 살아주지 않을 사람들의 노파심에는 귀를 기울이지 않기로 했다.**

2

살기 위해 달려간 호텔

정년 없이 미국 대학에서 학생들을 평생 가르칠 수 있는 종신교수가 되는 것이 아마 모든 조교수의 목표가 아닐까. 종신교수가 되기 위해선 도시에(dossier)라는 신청 서류와 경력기술서를 준비해야 한다. 한 편의 논문과 같았던 30여 장의 도시에와 미네소타로 오고 난 후 지난 5년간 교수로서 해온 모든 일을 6개의 바인더에 담았다. 종신교수가 되면 테뉴어(tenure)를 받았다고 말한다. 동료 교수들 앞에서 테뉴어 심사 발표까지 마치고, 모든 서류가 내 손을 떠나고 나니 졸업 후부터 여태 달려온 목표를 모두 이룬 것만 같이 속이 시원했다.

테뉴어를 받고 조교수에서 부교수로 승진하고 나서도 특별히 달라진 건 없었다. 그동안 해오던 일을 계속하고, 집에 오면 여전히 두 아이의 엄마로 지극히 평범한 일상이 지속되었다. 바뀐 게 있다면 새로 찍어낸 명함과 약간 오른 연봉, 그리고 갑자기 찾아온 마음의 여유이다. 같은 연구실에 앉아 있어도 조교수일 때보다 부교수일 때의 햇살은 더욱 화창하고 신선했다. 그동안 심적으로 나를 괴롭히던 동료 교수도 넓은 마음으로 용서할 수 있을 것 같았다. 전과 같은 일을 하더라도 마음이 한결 평안하고 여유로웠다. 그 평안함과 여유로움을 영원히 만끽할 것만 같았던 착각도 잠시였다. 이런 여유 속에 이제 무엇을 향해 달려가야 하는지 방향이 보이지 않았다. 앞이 하나도 안 보이는 어두운 터널에 혼자 놓인 것 같았다.

목적지가 어디인지도 모르겠고 철저하게 고립된 기분이 들었다. 이렇게 목표가 없어 허무함을 느끼고 있을 때 갑자기 우울증이 찾아왔다. 우울증을 늘 달고 산 건 아니었지만, 그동안 전혀 없던 것도 아니다. 살며시 찾아와 바쁠 때는 우울할 새도 없이 조용히 물러나곤 했는데 이번에는 강타를 당한 것이다. 이런 심한 우울증은 입시를 다 마치고 풋풋한 새내기 대학생이 되던 봄에도 왔었고, 논문을 다 마치고 한 템포 쉬어가던 틈에도 왔었다. 그때마다 마음속 어두운 곳에서 헤어 나오는 방법은 달랐다. 이번에도 새로운 방법을 찾아야만 했다.

그러던 와중에 지인에게서 연락이 왔다. 일하고 있는 동네 호텔에서 청소할 사람을 구하니 일할만한 사람이 있으면 소개해 달라는 것이었다. 알고 지내는 사람이 많지 않았고, 딱히 내 주변에 호텔에서 아르바이트를 할만한 사람이 생각나지 않았다. 주말에만 일할 수 있는 파트타임이라면 내가 지원해 보고 싶었다.

막연히 호텔리어를 꿈꾸던 때가 있었다. 잊고 지내던 젊은 시절의 꿈이 생각나면서 무언가 모르게 설레기 시작했다. "청소면 어때, 호텔에서 일하는 게 꿈이었는데. 지금이라도 호텔에 발을 들여보자. 그리고 마음까지 청소해 버리고 싶은 지금, 청소는 무조건 자신이 있다." 이렇게 생각하는 사이 운전대는 이미 호텔로 향하고 있었다. 팬데믹으로 인한 락다운이 서서히 풀리는 단계라 호텔은 호황기에 들어섰다. 청소를 하는 하우스키퍼 외에도 모든 부서에 일손이 절실히 필요했던 때라 그때 그 상황에서는 어느 포지션이던 골라서 갈 수도 있었다.

그래도 하우스키퍼를 고집한 이유가 있다. 우선은 사람을 상대하고 싶지 않았다. 우울증이 오면 **외롭다고 느끼면서도 사람을 만나는 게 두렵다. 넘어져서 피가 흐르도록 다친 것보다 사람에게 받은 상처가 더 크고 아프게 느껴지기 때문이다.** 내 마음이 온전치 못할 때는 피해의식이 생기면서 작은 일에도 쉽게 상처받게 된다. 그래서 가능하면 손님을 직접 대하는 포지션은 회피하고 싶었다. 가식적으로 웃으면서 손님을 대하는 일은 더욱이 할 수 없는 일이었다.

억지로 웃는 게 힘든 것만큼 말하기도 힘들다. 우울할 때는 내가 선택한 단어, 나의 말투, 나의 영어가 늘 남들에게 평가받는 것 같아서 의기소침해지고 입을 열기가 두렵다. 교수라는 직업은 말하기 싫어도 말을 해야만 하는 직업이니 나에게는 큰 스트레스였다. 그렇기에 영어로 말을 하지 않아도 되는 하우스키핑(Housekeeping)을 하고 싶었다.

또 다른 이유는 내 몸을 혹사시켜서라도 우울증과의 싸움에서 이겨버리고 싶었다. 힘든 일을 하고 집에 돌아와서 눈물을 흘릴 새도 없이 씻고 깊은 잠에 푹 빠지고 싶었다. 실제로 아르바이트를 하고 집에 오면 녹초가 되어 복잡한 생각을 할 에너지도, 눈물이 날 여유도 없이 곯아떨어져서 숙면을 취한다.

호텔에서 주말에만 파트타임으로 일할 수 있기를 희망했는데 슈퍼바이저는 주말이 가장 분주하고 도움이 많이 필요하다며 대환영을 해주었다. 학기 중에는 주말에만 일하고 방학이 시작되면 특별히 한국을 다녀오는 기간 외에는 일손이 필요할 때마다 달려갔다. 성수기에는 새벽에 출근해서 오전 내내 커피와 간단한 조식을 담당하는 비스트로(bistro)에서 일하다가 오후에 유니폼을 갈아입고 하우스키핑을 하기도 했다. 비스트로 유니폼은 세련된 스트라이프 패턴에 단추가 달린 셔츠이고, 하우스키핑 유니폼은 공기가 잘 통하는 재질의 지퍼형 블라우스인데, 작고 가벼운 청소 용품을 넣을 수 있도록 주머니가 달려 있다.

두 유니폼을 번갈아가며 일을 해보니 비스트로 유니폼이나 하우스키퍼의 유니폼이나 유니폼은 유니폼일 뿐이라는 것을 배웠다. 하우스키핑으로 일하면서 인생에 대해 많은 것들을 생각하게 되고, 나 자신에 대해 더욱 깊이 알아가게 되었다. 사회적인 편견을 뒤로하고 가슴 뛰는 일을 할 때 비로소 찾아온 행복으로 인해 교수로서는 느껴보지 못했던 뿌듯함을 느끼면서 서서히 우울함에서 벗어나 자신 있게 살아갈 용기가 생겼다. 호텔에서 만나는 이들은 우울했던 나를 웃게 만들고 억눌렸던 자존감을 회복시켜 주었다. 그리고 그곳에 있으면 '살아 있음'을 느낀다. 어쩌면 살고 싶어서 호텔까지 달려간 게 아닌가 싶다.

살기 위해 호텔 문들 두들겼더니 숨 쉴 구멍이 보이고 다시 나아갈 용기가 생겼다. 흔히 청소하는 사람들에게 갖는 사회적 편견을 깨부수고, 막상 그 자리에서 일해보니 느끼고, 배우고, 반성하고, 성장할 수 있었다. 이 과정이 너무나도 소중하여 글을 쓰기 시작했다. 지나칠 수 있는 일들을 글로 담아내면서 생각을 정리하고 마음을 쏟아내면서 많이도 울었다. 그 눈물에 우울함을 시원하게 흘려보내기도 했고, 내면에 꼭꼭 숨겨두고 있던 나 자신을 눈물에 섞어 끄집어내기도 했다. 결국 그 눈물은 나 자신을 객관적으로 들여다볼 수 있는 돋보기 역할이 되어주었다.

그동안 무엇이 두려웠는지 내 감정에 솔직하지 못했던 나에게 사과하고 그런 나를 용서했다. 그리고 그 **누구보다도 나 자신을 위로하고 사랑하기 시작했다.** 더 나은 나로 살아가기 위해 발버둥 치는 나의 모습이 삶에 지쳐 있는 누군가에게 긍정적인 희망과 용기로 전해지면 좋겠다. 나에게 호텔이라는 문이 있었듯이 누구에게나 가슴 뛰게 해주는 무언가가 있을 것이다. 그것을 찾아서 사는 것이 즐겁고, 매일 성장하는 하루하루를 살기를 응원한다.

(3)

미국에서 N잡러로 삽니다

교수는 원래부터 N잡러이다

수학에서 'N'이라는 기호는 자연수 집합을 나타내기도 하고 다수를 나타내는 통계학의 변수이기도 하다. N개의 직업을 갖는 사람들이 늘어나면서 'N잡러'라는 신조어도 생겼다.

교수는 오래전부터 교수라는 직함을 갖고 여러 가지일을 하는 N잡러이긴 하다. 상당수의 교수는 이미 여러 활동을 통해 부수적인 수익을 창출한다. 흔히 교수가 하는 부수적 수입 창출 활동으로는 강연, 저널 논문 심사, 연구, 컨설팅 등이 있다. 이러한 다양한 일을 하는 것은 비단 부수적인 수입만을 목적으로 하지는 않는다. 자신의 전문 분야에서 연구 결과를 나누고 지식을 공유함으로 학생들의 성장과 대학의 발전, 그리고 나아가 직·간접적으로 인류 발전에 기여한다. 이러한 활동을 통해 자아성취와 존재감을 확인하고 희열을 느끼기도 한다.

나에게도 그런 때가 있었다. 내 분야에서 최선을 다했기에 교수로서 할 수 있는 일이라면 소득과 상관없이 흔쾌히 맡아서 했다. 학회에서 점점 나를 알아봐 주는 사람들이 늘어나고 그들에게서 박수를 받고, 학회 기간에 일정이 가득 차도록 만나야 할 사람들이 늘어나던 때, 나는 무한대로 계속 성장할 것만 같은 착각을 하기도 했다.

연구보다 강의가 우선인 '티칭대학'으로 옮기면서 차츰 연구 비중이 낮아지고 강의에 더욱 전념하게 되었다. 자연스럽게 프로젝트도 줄고 학회 활동도 줄게 되었다. 연구도 중요하지만 훌륭한 교사를 양성하는 역할 또한 연구 못지않게 중요하다는 신념이 확고했다. 티칭대학으로 옮긴 것에 대해 후회해 본 적은 없다. 다만 교수로서의 정체성에 혼란을 느낄 때가 있다. 1년에 한 번씩 학회에 가면 동문회에서 동기들을 만난다. 그들은 계속 성장하는데 나만 도태되어 가는 기분이 들었다. 이렇게 정체성에 혼란이 오면서 공교롭게 우울증이 함께 와버렸다.

다시 연구를 시작할 수도 있었다. 하지만 **성장만이 나의 존재감을 확인하는 길은 아니라는 생각이 들었다.** 교수라는 타이틀로 나를 정의하는데 한계를 그어버리는 듯했다. 물론 대학에서 학생들을 가르치는 일도 보람된 일이긴 하지만 무언가 더욱 신나는 일을 하고 싶었다.

내가 좋아하는 일을 함으로써 내가 살아 있음을 느끼고 자존감을 높이는 일을 찾고 싶었다. 교수도 풀타임 교수직과 무관한 사이드잡을 갖는 N잡러가 될 수 있는 거 아닌가?

소박하게 도전한 유튜브 크리에이터

내가 유튜브 크리에이터를 도전하겠다고 했을 때 남편은 그다지 달가워하지 않았다. 남편은 콘텐츠의 한계성과 한정적인 시청자층, 그리고 바쁜 와중에 할애해야 하는 촬영과 편집 시간을 우려했다. 그래도 포기하지 않고 성장이 더딘 채널을 묵묵히 꾸려나가기 시작했다. 계란으로 바위

치듯 승산이 없는 노력이라 생각했을 수도 있다. 그러한 한계점은 당연히 나 또한 인지하고 있었다. 나의 목적은 채널 성장이 목표가 아니었기에 감당하고 시작했다.

나의 목표는 매우 소박했다. 딱 100명에게만이라도 나의 경험과 메시지가 전달된다면, 그들에게 동기부여가 된다면 더할 나위 없겠다고 생각했다. 100명도 많다고 생각했는데 생각했던 것보다 더 많은 분이 채널에 찾아와 주었고 댓글로 응원해 주었다. 누군가를 위해 제작한 영상을 통해 되려 내가 더 많은 힘과 용기를 얻게 되었다.

나를 찾아 호텔로 갔다

한동안 우울해서 멈춰버린 것 같았던 심장이 다시 뛰기 시작했다. 주중에 교수로 살다가 주말에 다른 일을 할 수 있다는 생각만 해도 가슴이 두근거렸다. 주변 사람들은 이해하지 못하겠지만 나는 호텔에 들어설 때 가장 설렌다. 비스트로로 출근할 때도, 하우스키퍼로 출근할 때도 똑같이 생동감이 넘쳐난다. 생각을 조금만 달리 하면 교수도 청소부도 서비스를 제공하는 직업이다.

교수는 교육이라는 서비스를, 청소부는 쾌적함을 서비

스로 제공한다. 호텔에서 일어나는 크고 작은 일들이 잔잔한 나의 일상에 큰 활력소로 찾아올 줄이야.

아르바이트를 시작하고 남편에게 한동안 비밀로 했다. 일단 한번 시도해 보고 아니다 싶으면 그만둘 생각이었기에 시간을 좀 끌다 보니 어느새 세 달이 지났다. 처음부터 남편에게 주말 아르바이트 이야기를 꺼냈다면, 당연히 반대했을 것이다. 뻔한 레퍼토리가 그려졌다. '생활비가 모자라면 보내주겠다. 그 시간에 집에서 애들이랑 쉬는 게 낫지 않겠냐. 다치기라도 하면 어떡하냐.'

그래서 세 달을 채운 후 이실직고했다. 처음에는 놀라서 새로운 직업이 하우스키퍼냐고 되묻던 남편은 의외로 너무나도 대단하다며 극찬을 했다. 사실 남편이 반대할까 봐 걱정은 했으나 반대한다고 그만둘 것도 아니었다. 남편에게 말했을 시점은 이미 확실히 계속해야겠다고 다짐이 선 후였다. 어쩌면 남편은 일을 저지른 후 돌이키기 어려운 상황에서는 그냥 깔끔히 지지해 주는 편이 낫다는 것을 일찌감치 파악했을지도 모른다.

하우스키퍼를 해보니 에어비앤비에 욕심이 생겼다

호텔에서 나의 심장을 뛰게 하는 일을 하다 보니 좀 더 욕심이 생겼다. 호텔이 아닌 나만의 공간을 청소하고 꾸며서 대형 호텔보다 따뜻하고 평안한 휴식 공간을 제공하고 싶었다. 그렇다고 작은 호텔을 매입할 경제적 능력은 되지 않고, 모텔을 개조하자니 골치 아프고 엄두도 안 났다. 그래서 에어비앤비를 운영해 보기로 했다.

나의 야심 찬 계획을 잠시 미국에 온 남편에게 말했다. 생뚱맞은 계획일 수도 있겠지만 남편은 의외로 진지하게 들어주었다. 나의 계획은 상당히 구체적이었고 마치 당장에라도 시작하면 될 것처럼 시장 조사와 예산 편성을 마친 상태였다. 무언가를 하겠다고 마음먹으면 일을 저지르고야 마는 나의 성향을 파악한 남편은 차마 말리지는 못하는 눈치였다. 현실 가능성이 있는지 세부 사항을 꼬치꼬치 물었다. 가능성에 대한 질문을 한다는 것은 관심이 있을 때 나오는 행동이다. 질문이 거듭될수록 나는 더 흥분하여 어떻게 운영할 것인지를 자세히 설명했다.

남편은 매우 신중하다 못해 때로는 답답할 정도로 결정을 내리기까지 시간을 끌 때가 있다. 지키지 못할 약속은

하지 않으며, 실언으로 인해 신뢰를 잃은 적이 없다. 늘 대책이 가능한 플랜까지 짜놓은 후에야 계획을 실행하는 경향이 있다. 모든 일에 얼마나 고심하는지 느껴진다. 그래서 호텔 아르바이트도, 유튜브도 일단 일을 저지르고 말하게 된 것이다. 이런 남편이 에어비앤비에 대한 나름 사업 계획서와 같은 대화 끝에 "그래, 한번 해봐. 자기는 잘할 것 같아"라는 게 아닌가. 나도 모르게 남편의 목덜미를 끌어안고 좋아라 고함을 질렀다.

나의 포부와 남편의 지지가 시너지 효과를 내어 일이 급속으로 진행되었다. 에어비앤비 숙소의 질은 천차만별이다. 시행착오가 전혀 없었던 것은 아니지만, 배운 게 도둑질이라고 호텔에서 3년간 아르바이트를 하며 어깨너머로 터득한 노하우를 최대한 활용하여 적용했다. 에어비앤비를 오픈한 이후 처음으로 맞이한 분기별 리뷰에서 슈퍼호스트 리본을 달았다. 게스트들이 남겨준 좋은 평들은 나의 가슴을 뛰게 만들었다.

나에게는 집을 예쁘고 깔끔하게 꾸미고 살림을 잘하는 주부로 살고 싶은 꿈이 있었다. 비록 전업주부라는 꿈은 물 건너갔지만, 에어비앤비 호스트라는 역할은 이루지 못한 꿈을 메꿔나가는 계기가 되었다. 직접 페인트칠하고, 중고 시장에서 구입한 저렴한 가구를 리폼해서 공간을 채워나가는 과정이 얼마나 짜릿하고 즐거운지 모른다.

퇴근해서 집에 오는 길이 마치 풋풋한 대학생일 때 남자 친구를 만나러 가는 것만큼이나 설렌다. 발품 팔아 창고에 모셔둔 앤틱가구가 나를 기다리고 있기 때문이다. 나뭇결을 살리기 위해 샌딩 작업을 하고, 내가 원하는 색으로 오일스테인을 바르고 마무리하는 과정이 나에게는 힐링이 된다. 가슴 뛰는 일을 찾는다는 것이 이렇게 생활의 큰 활력소가 되는 것이라는 것을 몸소 체험하고 있다.

N잡러의 삶은 엉큼해서 짜릿하다

바라던 대로 N잡러가 되었다. 교수직 외에 유튜브 크리에이터, 호텔 아르바이트, 그리고 에어비앤비 호스트를 한다. 같은 학교 교수들은 나의 다중적인 삶에 대해서는 전혀 모른다. 숨겨야만 하는 일급비밀은 아닐지라도 굳이 알릴 필요도 없다. 주중에는 교수로서 흠잡힐 것 없는 프로페셔널한 모습만 보이고 싶다. 주말에는 실컷 내가 즐기는 일을 하면서 가슴 뛰는 삶을 사는 것이다.

주중과 주말 사이에 다른 세상을 오가는 비밀의 삶이 묘한 맛이 있다. 이것이 N잡러로 살면서 느끼는 짜릿함이랄까.

4

다섯 가지의 우울증 원인

예측 불가능한 태풍

한동안 유튜브 영상을 촬영하지 못했다. 반갑지 않은 우울함이 다시 찾아왔기 때문이다. 영상을 찍으려고 카메라 앞에 앉기를 여러 번 시도했으나 "안녕하세요"라는 한 마디만 수십 번 하다가 그만두었다. 그늘진 얼굴과 축 처진 목소리로 도저히 녹음을 진행할 수 없었다. 카메라 앞에 앉을 수 없는 이런 기분은 약 한 달간 지속되었다.

쾌활하게 잘 살다가 이따금 이렇게 컨트롤 불가능한 감정이 나를 괴롭힌다. 이유 없이 울컥, 눈물이 터지기 시작하면 눈물을 주체할 수 없다. 운전할 때도, 밥을 먹을 때도 이유 없이 눈물이 주룩주룩 흘러내린다. 나답지 않은 이런 모습에서 빨리 벗어나고 싶은데 그 방법을 모르니 그저 답답하기만 하다.

이렇게 복잡한 감정의 변화는 정확한 주기가 없이 제멋대로 찾아온다. 예측할 수 없으니 대비할 새도 없이 당하는 것 같아서 억울하기까지 하다. 오르락내리락하는 우울한 감정은 가볍게 지나갈 때도 있다. 그런 가벼운 우울감은 삐져 나온 상자를 손가락으로 쑥 눌러 가지런히 정렬을 맞추면 되는 것처럼, 들쑥날쑥한 감정도 밀어 넣어 대수롭지 않게 정리하면 된다. 주변 사람들에게 들키지 않고 충분히 능청스레 가식적으로 소화해 낼 수 있다.

그러다가 한 번씩 거대한 우울 태풍이 불기도 한다. 그러면 가벼운 조치로는 통제가 불가능하다. 이러한 우울 태풍은 일상을 힘들게 한다. 얼마 전 무시무시한 태풍이 파도를 몰고 와서는 정신을 휩쓸고 일상을 뒤흔들어 놓고야 말았다. 일기장 같은 이 노트가 시작된 계기이기도 하다.

거침없이 씩씩하고 진취적으로 잘 사는 사람들이 있다. 그런 이들에게는 넘어지면 일어나는 법을 배워가며 보이지 않게 달려온 꾸준한 노력이라는 과정이 있을 것이다.

그러한 노력으로 몸과 마음이 단단해진 사람이라 할지라도 지금의 씩씩한 모습 뒤에는 분명 그 무거운 짐을 짊어지고 가는 버거움이 있을 것이다.

버겁다, 어렵다, 지친다고 솔직하게 고백하는 순간 나약한 모습을 들키는 것만 같아서 나에게도 타인에게도 솔직하지 못해 왔다. 지금의 힘든 감정을 그 어떤 누구에게도 들키고 싶지 않아서 더욱더 단단한 척 가장하고 살아가는 이들이 비단 나뿐만은 아닐 것이다.

아무도 강요하지 않았던 책임감을 내려놓는 첫 번째 관문은 나의 감정에 솔직해질 수 있는 용기였다. 나 자신에게 조차도 솔직해지기가 힘들었던 그 관문을 넘자 동굴 속에서 슬퍼하는 내가 보이고, 그 동굴에서 걸어 나갈 수 있는 해결책이 보이기 시작했다.

원인 파악이 먼저

모든 문제의 해결은 원인부터 파악해야 한다. 우울한 감정을 몰고 오는 원인을 본격적으로 찾아내어 분석해 보고 싶었다. 나를 이렇게까지 못살게 굴고 감정을 휘두르는 그 변인들을 찾아내면 무슨 대책이 생기지 않을까.

그래서 노트를 펼쳤다.

'지금 나는 왜 우울한가?'
'무엇이 나를 힘든 게 하는가?'

이 질문을 여러 번 반복해서 읽었다.

무언가 쓰고 싶은 마음은 있는데 글로 나오질 않고 펜 끝에서 머뭇거리기만 했다. 아무도 들춰보지 않는 나만 보는 노트임에도 불구하고 나에게 솔직해지기까지는 상당한 시간이 필요했다. 노트를 덮었다가 다시 숨을 가다듬고 펼치고를 반복했다. 한동안 복잡한 마음을 달래고 달랜 후에야 종이에 마음을 쏟아낼 수 있었다.

회피해 오던 감정을 거침없이 적기 시작했다. 잠시라도 머뭇거리다가는 중간에 펜을 놓게 될 것 같아서 단거리 달리기라도 하듯 단숨에 써 내려갔다. 다섯 가지 이유가 순식간에 나왔다. 더 나올 수도 있겠지만, 마지막 이유를 쓰고 나니 잭폿이라도 터뜨린 마냥 우울함의 원인 분석이 종료되었다. 살면서 이렇게 적나라하게 내면 깊숙이 숨겨진 곳을 파헤친 적은 없었다. 내가 나에게 상처받지 않으려 감추고 있었던 가장 취약한 부분이 결국 곪아 터져 우울증으로 나왔나 싶어 하염없이 눈물을 흘리고야 말았다. 그러고는 속이 시원해졌다. 그 다섯 가지 이유는 다음과 같다.

— 애들이 나를 사랑하지 않는다.
— 난 너무 열심히 산다.
— 주고 나서 후회한다.
— 시간을 빼앗기면 짜증이 난다.
— 스트레스를 풀 시간도 친구도 없다.

우울증이 한바탕 지나간 지금은 이 리스트를 보면 매우 사소한 감정들이라 쑥스럽기 그지없다. 비논리적이고 인정하고 싶지 않은 것들이다. 하지만 그렇게 사소하고 서운한 감정들이 쌓이고 쌓여 균형을 잃는 순간 우울 태풍이 몰려와 정신 못 차리고 허우적거리게 되는 것이다.

노트는 나에게 솔직한 감정을 쏟아낼 수 있는 공간을 허락해 주었다. 그 공간은 정신의학과 의사를 만나지 않아도 앞으로 닥쳐올 높고 낮은 우울증이라는 파도를 대비할 수 있는 방법을 찾는데 상당한 도움이 되고 있다. **균형을 잃어갈 때, 힘들어질 때, 나도 모르게 기분이 우울해지거**

나 다운될 때 노트를 펼쳐보면 잊고 있었던 나 자신을 다시 이해하게 된다. 이 노트는 가치를 돈으로 환산할 수 없는 맞춤형 상담 노트나 다름없다.

5

애들이 나를 사랑하지 않는다

"애들이 나를 사랑하지 않는다.

엄마도 사랑이 필요하다."

노트를 펼치자마자 가장 첫 번째로 쓴 문장이다. 딸들은 누구보다도 엄마인 나를 끔찍이도 사랑한다. 그 어떤 상황에서도 무조건 내 편이다. 아이들이 어렸을 때는 아빠가 엄마를 조금이라도 서운하게 하면 허공에 주먹을 휘둘러가며 아빠를 혼내준답시고 "태권"을 외치기도 했다. 아이들은 아빠와 떨어져 살면서 누구보다도 엄마를 안쓰럽게 생각하는 나의 든든한 심리적 후원자이다. 이제는 조금 컸다고 엄마가 아파서 누워 있으면 알아서 냉찜질도 해주고 밥도 차려주는 기특한 딸들로 성장하고 있다.

우울증이 오면 이렇게 대견스러운 딸들도 나를 이제는 사랑하지 않는다고 느껴진다. 그렇게 느껴지는 이유는 의외로 단순하다. 아이들이 어렸을 때처럼 더 이상 나를 귀찮게 하지 않기 때문이다. 엄마를 수십 번 부를 때, 안아달라고 조를 때, 숙제를 도와줘야 할 때는 지치고 힘들다 못해 아이들이 빨리 자라서 손이 덜 가면 좋겠다고 간절히 바라던 때가 있었다. 달려와 얼굴 비비며 안기던 따스함, 과자 묻은 입술로 뽀뽀하던 끈적거림, 징징거리며 사랑과 관심이 필요하던 어린아이들이 어느새 훌쩍 커버렸다. 이제는 한집에 살아갈 뿐, 각자의 공간에서 활동하는 나이가 되었다. 이것이 매우 정상이고 건강한 아이들이 성장해 가는 과정이라는 것은 잘 안다. 머리로 알고는 있지만 나의 마음은 허전해진 것이다.

도움을 요청했다

어떤 때 특히 허전함을 느끼는지 즉시 기록하지 않으면 내 감정을 기억하고 위로하기가 힘들어질 때가 있다. 사소한 일들이지만 허전함을 느끼는 때는 다양하다. 아이가 문을 닫고 방으로 들어가 버릴 때, 챙겨준 밥을 아무런 감사함 없이 먹을 때, 내가 청소하고 있는데 누워서 핸드폰만 보고 있을 때, 내가 골라준 옷이 맘에 안 든다고 해놓고 같은 옷을 친구가 예쁘다고 칭찬해 주면 기분 좋게 입을 때.

아이들이 엄마를 사랑하는 것을 머리로는 알고 있지만 표현하지 않으면 느끼기는 힘들다. 사춘기를 겪는 아이들에게 사랑을 말로 표현해 달라고 하는 것은 무리한 부탁일 수도 있다. 하지만 **나의 마음은 치료가 필요하다. 그래서 도움을 요청했다.**

- 엄마가 요즘 마음이 좀 힘들어. 집 안에서도, 집 밖에서도 모든 것을 혼자 해야 하는 게 버거워. 아빠도 떨어져 있으니 너희들이 엄마를 도와줘야겠어.
- 학교에 다녀오면 옛날처럼 엄마 꼭 안아줘. 그럼 엄마가 기분이 좋을 것 같아. 이 정도는 해줄 수 있지?
- 밥 먹을 때는 "잘 먹겠습니다"라고 인사하고 먹고, 다 먹고 난 후에는 "잘 먹었습니다" 하고 빈 그릇은 식기세척기에 넣어줘.
- 엄마가 일할 때는 너희도 움직여. 뭐라도 도울 게

있나 한 번쯤은 물어보고, 도울 게 없으면 엄마 옆에 와서 수다를 떨던지. 엄마가 너희들 가사 도우미로 느껴지지 않게 서로 도와가며 살았으면 좋겠어. 이 모든 게 하기 싫으면 엄마 집에서 사는 대가로 렌트비를 내던지.

의외로 아이들은 아무런 토를 달지 않고 실행에 옮겼다. 이 정도 부탁은 어려운 게 아니었다. 생각해 보면 집안에서 당연히 배워야 할 매너가 아닐까.

아이들에게 솔직하게 도움을 청하자, 학교에서 돌아온 아이들은 심장 소리가 들릴 만큼 진심으로 진한 포옹을 해주기 시작했다. 공허함이 따뜻한 사랑으로 가득 채워지는 것 같다. 아이들이 어렸을 때는 아무리 힘들어도 저녁에 책을 읽으며 재워주었다. 이제는 아이들이 밤에 자기 전에 내 방에 한 번씩 들러 '굿 나이트 허그'를 하고 간다. 간단한 제스처이지만 몸이 따뜻해지고 잠자리가 우울하지 않다. 머리로 아는 사랑보다 온몸으로 느끼는 사랑이 더 진하다.

엄마가 차려준 밥상이던, 주문해서 먹는 음식이던, 먹

고 배를 채울 수 있음에 감사함을 표현하는 것은 당연하다. 솔직히는 내가 밥상을 차린 수고에 대해, 한 끼를 해결하기 위한 소비에 대해 인사를 받고 싶은 마음이긴 하다. 다시 생각해 보면 "잘 먹겠습니다", "잘 먹었습니다"와 같은 인사는 기본적인 식사 예절이다. 엄마의 수고, 엄마의 소비 외에도 그저 배고픔을 달래고 영양분을 섭취할 수 있는 성장 환경 자체에 대해 감사함을 표현하는 매너를 실행하기 참 잘한 것 같다.

교수 생활을 하다 보면 학생들이 찾아와 학우들에 대한 불만을 호소를 할 때가 있다. 주로 조별 프로젝트를 하다가 겪는 어려움 때문에 같은 점수를 받는 것이 공평하지 않다는 이유로 찾아온다. 각자 맡은 일에 최선을 다함과 동시에 모두가 함께 프로젝트의 완성도를 높여가야 하는데, 자기 할 일만 해놓고 잠수를 타거나 점수를 받을 만큼만 최소한의 일을 하고는 손을 떼버리는 학생들이 있다. 이런 친구들은 졸업 후 무슨 일을 하던지 비슷한 패턴을 보인다.

집안에서, 학교에서, 일터에서 우리 아이들은 이런 사람이 되지 않았으면 한다. 어디에 있던지 누구와 함께 일하든지 내가 지금 당장 무엇을 하는 게 가장 현명한 선택인지 눈치를 보고 센스를 발휘하면 좋겠다. 엄마가 바쁘게 움직여가며 청소하면 내가 도울 일은 없는지 생각할 줄 아는 사람이면 좋겠다. 최소한 엄마가 청소기를 돌리는데 소파에 드러누워 한가하게 음악을 듣고 있는 행동은 보여주지 말았으면 한다.

성적보다 자립심

한국과 미국을 오가며 또래 가정들을 방문하고 접하게 된다. 많은 문화 중에서도 가장 차이가 크게 난다고 느끼는 부분은 자녀 교육이다. 한국은 어느 가정이나 자녀 교육에서 최우선 순위가 공부인 경향이 있다.

한국 엄마가 "우리 아들이 이번에 수학을 만점 받았어"라고 자랑할 때 미국 엄마는 "우리 아이는 지난주부터 본인 빨래는 직접 해. 방 청소와 옷장 정리도 스스로 하기 시작했어"라며 자랑스럽게 말한다.

미국 부모의 자녀 교육의 중점은 바로 자립심이다. 초등학교 4학년 정도가 되면서 아침은 스스로 챙겨 먹고 각자의 방은 스스로 청소하며 자신의 빨래는 직접 하는 가정이 많다. 고등학생이 되면 아르바이트를 해서 용돈을 해결하고 고등학교 졸업 후에도 부모와 살게 되면 부모가 자녀에게 렌트비를 받는 경우를 흔히 보았다. 물론 모든 미국 가정이 이렇다고는 할 수 없지만, 이런 문화가 전혀 이상하지 않을 정도로 보편적인 것은 확실하다.

공부도 학생으로서 맡은 일에 최선을 다하는 것이지만서도, 아이 교육에 공부와 자립심 중 한쪽을 선택해야만 한다면 나는 아이들에게 자립심을 길러주고 싶다. 아이들에게 도움을 요청한 것은 나의 감정을 위한 대책이었지만 결국 아이들이 자립심을 기를 기회가 되었다.

이러한 상호이익은 우리의 생존에 큰 도움이 되고 있다. 한없이 퍼주는 엄마의 사랑은 일방통행이다. 엄마에게도, 아이들에게도 더 나은 삶을 위해서는 서로 사랑을 주고받는 양방통행이 가장 이상적이다.

6

나는 너무 열심히 산다

"죽어라 열심히 사는데 보람이 없다.

보람도 없으니 삽질만 하는 것 같다."

내가 두 번째로 우울한 이유다. 노트에 마침표를 찍으며, 잠시 펜을 멈추고 생각에 잠겼다. 눈을 지그시 감으니 이리 뛰고 저리 뛰며 바빠서 쩔쩔매는 나의 모습이 주마등처럼 지나갔다.

우울 태풍이 몰아칠 때는 알람을 꺼놓고 저절로 눈이 떠질 때까지 잠을 실컷 자라는 정신의학과 선생님의 숙제를 실천하려고 노력하고 있긴 하나, 알람이 울리지 않아도 눈이 번뜩 떠진다. 동이 트기 전부터 쉴 새 없이 바쁜 일과가 시작된다. 나는 저녁에 녹초가 되어 베개에 머리를 붙이는 순간까지 최선을 다해 산다. 그렇게 열심히 살아야 한다고 아무도 강요한 적은 없다. 살다 보니 이런 패턴이 몸에 익혀진 것이다.

"내가 이렇게 열심히 산다고 한들 보상이 주어지는 것도 아닌데 나는 왜 이렇게 열심히 사는 거지? 아무도 나를 인정해 주지 않는데 말이야."

이 악물고 진취적으로 살다가도 우울증이 오면 그 어떤 것도 동기부여가 되지 않는다. 내가 자진해서 해오던 일임에도 불구하고 보상 심리에 빠져 열심히 살아온 게 억울하다. 그 억울함이 나를 더 우울하게 만들어버리기도 한다. 보상이 없는 일에 삽질만 하느니 잠이나 자자. 잠을 더 자라는 밀린 숙제는 우울해지면 자연스레 실컷 하게 된다.

보상에는 크게 '물질적인 보상'과 '정신적인 보상'이 있다. 물질적인 보상으로는 내가 하는 일을 금전적으로 보상해 주는 게 있다. 하지만 연구 논문이 학술지에 게재되었다고 보너스를 주는 것도 아니고, 연봉을 올려주는 것도 아닌데, 도대체 왜 이 모든 일을 무리하게 하고 있을까. 베이비시터에게는 돈을 주는데, 왜 엄마는 무보상으로 아이를 키

워야 하는 거지? 아무도 나에게 잘 키운다, 수고했다, 칭찬
해 주지도 않는다.

　유학 생활을 마치고 교수가 된 해부터 남편으로부터
생활비를 받지 않았다. 나쁜 남편이라서가 아니다. 남편은
귀국하자마자 우리가 함께 유학하면서 진 빚을 갚느라 바
빴다. 굳이 한국에서 송금을 해주지 않아도 교수 월급으로
충분히 생활이 가능했다. 물론, 타주로 이사하면서 집을 사
고, 차를 바꿀 때는 남편이 아낌없이 지원해 주었다.
　송금해 달라는 말 한마디만 해도 아낌없이 보내줄 남
편이지만, 수수료를 내가며 한국에서 돈을 끌어다가 쓸 이
유는 없다. 모기지(mortgage loan, 부동산을 담보로 하여 장기주택자금을
대출해 주는 제도)와 생활비, 그리고 아이들 수업료 등이 자동
이체로 설정되어 있다 보니 월급이 통장을 스쳐 지나간다.
수중에 쌓이는 현금은 없지만 일상이 버거울 만큼 부족하
지도 않다.
　미국에서 대부분 월급쟁이가 그렇겠지만 교수 연봉 또
한 격주급제도이다. 간당간당 2주일만 버티면 기가 막히게
채워진다. 이러한 루틴으로 10년 동안 살아왔다. 이것이 우

리 부부가 생각하는 합리적인 선택이라 굳게 믿고 살아왔기에 평소에는 전혀 불평거리가 되지 않는다. 다만 우울증이 방문하면 이 또한 불합리하고 억울하다고 여겨진다. 매일 열심히 살고 있는데 통장에 쌓이는 돈이 없으니 허탈한 기분이다.

풀타임으로 일하면서 혼자 아이 둘을 키우는 것이 '엄마니까 매우 당연'하다고 생각하는 이들이 많다. 아빠가 직장에 다니며 혼자 아이들을 키우는 것은 상상조차도 못 하지만, 엄마이기에 이 모든 것이 당연하다고 여기는 것이 나를 버겁게 만든다. 버거운 마음을 나 자신에게 던져본다.

"왜 나만 열심히 살지?"

"나는 왜 열심히 살아야 하는 거지?"

"혼자 씩씩한 척한다고 누구 하나 알아주지도 않는데 말이야."

평소에 대가를 바라며 일하는 것은 아니다. 하지만 이런 생각이 들 때쯤에는 이미 많이 지쳐 있을 때이다. 지친 마음을 떠올리니 다음과 같은 상황이 만화로 그려진다.

내가 끌고 오르막길을 오르던 손수레는 유독 무겁다.

너무 지쳐서 끌고 있던 손수레를 잠시 내려놓고 땀을 닦으며 뒤를 돌아본다. 나는 낑낑대며 억척스레 정상을 향해 달리는데 다른 사람들은 내가 끄는 손수레에 편하게 앉아 고구마나 까먹으며 수다나 떨고 시시덕거린다.

힘든데 '수고한다', '덕분에 편하게 가고 있다', '조금만 더 힘을 내라' 이러한 반응을 바라는 것마저도 사치인 것처럼 아무도 내가 왜 가던 길을 멈추고 숨을 고르며 땀을 훔쳐내는지 관심이 없다. 긍정도 부정도 아닌 아무런 반응이 없는 평면적인 삶이 지루하고 나를 지치게 만든다.

그래, 울어보렴

조금 더 솔직해지자면 나는 공감과 칭찬이 고팠던 것이다. 이 공허함을 공감과 칭찬으로 채울 수 있을 것 같았다. 우는 아이에게 떡 하나 더 준다고, 나도 힘껏 울어보기로 했다. 우는 방법에는 여러 가지가 있다. 징징대는 것은 상대방을 지치게 만들 뿐 아니라 신뢰를 잃게 되어 진짜 힘들 때 의지할 수 있는 어깨를 잃게 될 수도 있다.
내가 선택한 방법은 열심히 살고 있는 일상을 구체적

으로 말하되 최대한 객관화해서 알리는 것이었다. 엎드려 절 받는 격이라도 침묵으로 우울증을 키우는 것보다는 낫 겠다 싶었다. 매우 사소한 일이지만 내가 칭찬을 들으면 기 분이 좋아질 만한 것을 실천했다. 반응은 생각보다 쉽게 즉 흥적으로 나타났다.

아이들이 먹는 밥상을 가족 단톡방에 올리자 "요즘에 다 사 먹이고 배달시켜 먹는데, 너같이 잘해 먹이는 워킹맘 이 어디 있느냐"며 칭찬을 아끼지 않는 시어머니. 마당에 눈 치우는 장면을 영상으로 보내니 "아이고, 그 힘든 일을 직접 한 거야? 사람 쓰지…. 돈 없으면 내가 보내줄까?" 하며 안 타까워하는 엄마. 차량 정비소에서 서비스를 거부해서 직 접 냉각수 보충했다고 호소하니 "이참에 차 바꿔, 테뉴어 받 은 기념으로 내가 차 사줄게"라며 화끈하게 말하는 남편.

한국에 있는 가족들에게는 외식하며 즐거운 모습으로 만 안부를 전하다 보니 집에서 지지고 볶으며 생활하는 모 습이나, 아이들에게 밥을 해먹이는 노동을 알아줄 리가 없 었다. 미네소타의 눈 쌓인 장면은 아름다우면서도 경이로 움만 줄 뿐, 눈을 치우느라 고생하는 것은 상상도 못 했을 것이다.

작은 도시에 살다 보니 인건비가 높아서 웬만한 일은 직접 하게 된다. 보증 기간이 남아 있는 자동차도 제대로 된 서비스를 받기가 힘들다. 동네 정비소에서는 내 자동차의 인증받은 정비사가 없다며 해줄 수 있는 간단한 서비스라도 보닛 열기 자체를 거부한다. 점검을 받을 수 있는 공식 정비소는 4시간가량 운전해서 가야하므로 여간 불편한 게 아니다.

나는 이런 사소한 일들을 혼자서 묵묵히 해나갔다. 사실 '굳이 이런 일까지' 말할 필요가 없다고 생각했다. 이런 사소한 고민거리를 나누는 게 왜 나에게는 그동안 힘들었던 것일까? 나만 열심히 사는 게 아니니까 유난 떨지 말자며 꾹꾹 누르고 살면, 결국 한순간에 폭발하고야 만다. 폭발하고 나서야 나만 열심히 살고 있다고 느껴지는 것이다.

가끔 '알아달라'고 울기도 하고 투정도 부려야, 우울증도 살살 달래가며 건강하게 살 수 있다는 것을 배웠다. 태풍 속에서 강한 나무는 부러져도 억새는 버텨내듯이 우리도 너무 강한 척 뻗대고 살 필요는 없다. 힘들 때는 힘들다고 투정도 부리고, 세상이 너무 힘들면 억새처럼 잠시 쓰러져 있어도 된다. 그러면 다시 일어날 힘이 생긴다.

7

주고 나서 후회한다

"나는 왜 퍼주고 후회를 할까."

내가 우울한 세 번째 이유다. 시대와 어울리지 않지만, 헝그리 정신으로 공부해야만 했던 유학생 시절이 있었다. 결혼해서 아이가 있는 엄마 유학생이라는 이유만으로 왠지 죄인이 된 것 같았다. 참 구시대적인 발상이긴 하나, 정해진 예산 내에서 생활해야 하는 빠듯한 유학 살림이란 게 그랬다. 아이들을 위한 소비는 정당했고, 학업을 위한 소비는 떳떳한 투자로 여겨졌다. 나를 위해 옷 한 벌 사 입거나, 맛있는 걸 사 먹는 게 사치로 느껴졌다. 하지만 아무리 그렇게 힘든 유학 생활을 했어도 늘 감사했다. 비행기 티켓이라도 구입해서 미국행에 오를 수 있었다는 게 어딘가. 장학금을 받아 공부할 수 있는 기회를 갖게 된 것도 감사한 일이다. 누군가에게도 갈 수 있었을 장학금을 내가 받았으니까. 지긋지긋한 유학 생활을 마쳐갈 때쯤 되뇌는 생각이 있다.

- **지식은 모르는 사람들과 나누는 것.**
- **재산은 부족한 사람들에게 베푸는 것.**
- **기회는 필요한 사람들에게 주는 희망.**
- **사랑은 대가를 바라지 않고 주는 것.**

이것이 지성인이라면 기본적으로 이행해야 할 의무라고 생각하기 시작했다. 이러한 신념이 하루아침에 생기지는 않았다. 교수가 되니 조금씩 마음에 여유가 생기기 시작했다. 주변 사람들에게 사랑, 관심, 애정, 희망, 돈, 공감, 물건 등 뭐든 나누면 기쁨이 배가 됨을 느꼈다. 당연히 그 어떤 대가를 바라고 행하는 것은 아니다.

감정에도 병목현상이 있다

한없이 기쁜 마음으로 퍼주다가 우울증이 오면 지성인 의무감에서 벗어나 감정은 본능쪽으로 더 기울어지게된다. 그럴 때면 "나는 왜 주기만 하지?"라는 생각이 더 강력해진다. 힘들다고 해서 도와줬는데 알고 보니 나보다 훨씬 풍요로운 삶을 살고 있을 때, 손해 보면서 도와줬는데 공은 다른 사람에게 돌아갈 때, 없는 시간 쪼개가며 애정을 퍼부은 학생이 졸업할 때 인사 한마디 없이 떠나버릴 때, 매주 방문하여 돌봐준 노숙자가 말없이 센터를 떠나 잠수 탔을 때, 한없이 배려해 주었는데 너무나 당연히 여길 때.

하필 이런 상황들이 몰려버릴 때가 있다. 사실은 없던 일들이 한 번에 몰려서 생기는 것은 아니다. 우울하면 머리로 통제할 수 있는 감정조절에 한계가 온다. 소화해 낼 수 있는 감정이 쪼그라들고 만다. 그러다 보니 **일상에서 늘 잔잔히 존재하던 일들이 하나둘 소화해 내기 힘들어지면서 막혀버리는 것이다. 감정에도 '병목현상'이 있다.**

달라고 하지도 않은 사랑과 관심을 내가 좋아서 퍼주고서는 실망하고 후회하는 스스로의 모습이 옹졸해 보이기도 하고, 때로는 수치스럽기까지 하다. 우울증이 지나고 나면 언제 그랬냐는 듯 정상으로 돌아온다. 다만 그렇게 병목현상이 풀리기까지의 시간이 너무나도 고통스럽고 힘들다. 무엇보다 감정의 회복기까지 쓸데없이 허비된 시간이 억울하다. 그래서 감정의 병목현상을 조금이라도 완화시킬 수 있는 방법을 고안해 냈다.

처리량을 줄이자

나도 모르는 사이에 감정 병목현상에 도달했다면 당장 일시적으로 처리량을 줄이는 방법이 있다. **'중요도'와 '우선순위'를 생각하여 지금 짊어진 짐 중에서 내려놓을 수 있는 것들을 포기하는 것이다.** 어쩌면 병목현상이 오기까지 거절을 하지 못해서 혹은 포기하는 방법을 몰라서 계속 받아들이다 보니 처리해야 할 책임이 고조에 오른 것일 수도 있다. 거절과 포기는 연습이 필요하다.

무모해 보일 수 있으나 '성과'를 과감히 포기해 봤다. 교수라면 누구나가 욕심내는 것이 연구 성과일 것이다. 하지만 종신교수가 된 지금, 나의 정신 건강보다 연구 성과에 목숨을 걸 필요는 전혀 없다. 더 이상 연구를 하지 않겠다고 선언하는 것은 아니다. 진행 중인 공동 연구 중에 내가 빠져도 괜찮은 것이 있었다. 고민 후 내려놓기를 결단하고 "이번 프로젝트는 여기까지만 하겠습니다. 제가 기여한 부분은 그대로 포함시키되 제 이름은 저자 명단에서 제하셔도 좋습니다"라고 말했다. 다행히도 공동 연구하던 다른 교수님들은 나의 상태를 너그러이 이해해 주었다.

말하기까지가 힘들었지, 막상 마음의 짐을 내려놓고 나니 힘든 만큼 가벼워지는 보상이 있었다. 처리량을 줄이니 동시에 숨통이 조금씩 넓혀지는 것이 느껴졌다. 감정의 병목현상도 차츰 완화되는 듯했다.

병목현상이 오기 전에 필터링을 해주는 방법

처리량을 줄여가며 알게 되었다. 병목현상이 오기 전에 적절한 거절과 포기로 처리량을 미리 걸러내면 조금 더 균형 잡힌 삶을 찾을 수 있다. 모든 일을 내가 해야 한다고 생각하는 건 참 바보스러운 착각이었다. 무리한 부탁이나 요청은 거절해 봤다.

"이번 학기에는 내 스케줄이 너무 포화 상태야. 미안하지만 이 일은 내가 잘 해낼 자신이 없어."

욕먹으면 어쩌나 고민했지만 결국 그 일은 자연스레

다른 교수에게로 갔다. 나만이 옵션이 아니었던 것이다. 부탁한 일을 거절할 때 쓰는 영어 표현 중에 "I have too much on my plate"가 있다. 직역하자면 '내 접시에 이미 많은 게 있다'는 의미이다. 내가 맡은 일이 이미 너무 많으니 더 이상의 책임은 맡을 수 없다며 거절하는 방법이다.

이 표현이 참 미국식답다는 생각이 든다. 똑같이 나누어서 하던 일도 한계에 도달하면 "그건 내 능력 밖이야"라며 깔끔하게 거절하거나 시간을 더 달라고 당당하게 요청하는 교수들을 많이 보았다. 각자의 접시 크기가 다름을 인정해 주는 문화라 이런 요청이 가능하다.

하지만 처음에는 이러한 문화를 이해하지 못한 채 나는 멍청하게도 밤을 새워서라도 무리해 가며 꾸역꾸역 내 접시에 올려지는 일들을 다 처리해 왔다. **내 접시의 크기는 얼마나 되는지를 파악하는 현명함이 필요하다. 남의 접시에 올려진 일까지 무리해서 떠맡을 필요는 없다. 정중히 거절하는 것도 프로페셔널한 것이다.**

병목을 넓혀서 성능을 높여주는 방법

나의 역량이 최고조에 달하면 병목을 넓히는 게 무리일 수 있다. 혼자 많은 것을 처리하기 힘들 때는 타인이나 보조 물건의 도움을 받아 병목을 넓히는 방법이 있다. 컴퓨터 용량에도 한계가 있어 외장형 하드를 사용하듯이, 사람도 해낼 수 있는 일에는 한계가 있는 법이다. 그래도 해야만 하는 일이라면 도움을 받아보는 것이다.

"엄마가 요즘 맡은 일이 많아져서 많이 버거워. 엄마 대신 동생 공부 좀 봐주면 과외비 줄게. 네가 동생 좀 봐줄래?"

첫째 아이는 흔쾌히 동생을 봐주기 시작했고 쏠쏠하게 용돈을 모아가고 있다. 둘째도 돈의 가치에 눈을 뜨면서 화장실 청소, 빨래를 해주는 조건으로 용돈을 타기 시작했다. 더운 여름에 1시간 넘게 잔디를 깎는 일은 우리 집에서 가장 단가가 높은 노동이다. 업체에 맡기면 80달러를 줘야 하지만 우리 아이들에게는 30달러를 준다. 내가 산 기계와 내가 채운 기름으로 잔디를 깎기 때문에 노동 착취는 아니다. 병목을 넓히기 위해 아이들에게 일거리를 주며 쓰는 돈은 아깝지가 않다. 아이들이 노동의 대가로 번 돈은 경제 개념과 관리하는 방법을 익히는데 매우 훌륭한 재료가 되고 있다.

손 설거지보다 식기세척기를 활용하고 로봇청소기를 마련하여 나의 노동을 줄이는 것도 유용한 방법이다. 잊을 만하면 반복해서 내가 모든 것을 다 하지 않아도 된다고 스스로를 인지시켜 줄 필요가 있다.

내 배는 얼마나 크고 단단한가

배가 크고 튼튼해야 더 많은 승객을 태울 수 있듯이, 내 정신 건강을 먼저 챙겨야 더 많은 사람을 받아들일 수 있고 또 그들에게 베풀 수 있는 것이다. 내 배는 아주 작고 구멍까지 났는데 거절을 못하고 계속해서 승객을 태우다 보면 배는 가라앉고 모든 책임은 배 주인인 나에게 돌아오게 된다.

지성인의 의무감에서 나를 해방시켜 주고 감정의 병목 현상을 잘 관리해 보기로 했다. 거절과 포기가 힘들 때마다 내면과 대화해 보아야 한다.

— 주고도 후회하지 않을 자신이 있는가.

— 해결할 사람이 나여야만 하는가.

— 남에게 베풀기 위해 나에게 더 필요한 소중한 시
간과 에너지를 희생하지는 않는가.

— 감당할 수 있을 만큼만 베풀자.

거절해도 괜찮다. 이기적인 것이 죄는 아니다. 나를 지
키지 못하는 것이 더 큰 죄다.

8

시간을 빼앗기면 짜증이 난다

"빼앗기는 내 시간이 너무 아깝다."

우울증의 네 번째 원인은 바로 시간 때문이다. 내 연구실은 복사기가 있는 탕비실 바로 옆에 있다 보니 지나는 사람들에게 훤히 노출되어 있다. 그래서 오가며 들르는 사람들이 유독 많은 편이다. 출력하러 왔다가 들르기도 하고 커피를 내리거나 전자레인지가 돌아갈 동안 잡담을 늘어놓고 가는 교수들이 많다.

반갑기는 하나 여간 시간을 빼앗기는 게 아니다. 한 명씩 들러 인사하지만 시간차를 두고 여러 명의 방문 시간이 축적되면 한두 시간이 뚝딱 흘러가 버린다. 진행 중인 일에

맥이 끊기면 다시 페이스를 찾아서 몰입하기까지 시간이 걸리다 보니 목표로 했던 일에 차질이 생기고야 만다.

퇴근하고 집에 오면 학교 일은 내려두고 아이들과 나 자신에게 충실하고 싶다. 연구실에서 처리해야 할 일을 다 하지 못하고 퇴근을 하면 집에까지 일을 들고 오게 되는 게 속상하다.

영어를 못해도 되는 날

호텔에서 일할 때는 영어를 많이 하지 않아도 된다. 가 끔 복도에서 나를 붙잡고 한참 수다를 떠는 손님들이 있다. 실제로 미국에는 심심하고 외로운 노인들이 계산원과 말하 기 위해서 마트에 간다는 얘기도 있다.

비스트로에서 일할 때는 늘 상냥하게 웃으며 기꺼이 손님에게 대화의 상대가 되어줄 수 있지만 하우스키핑을 하는 날은 다르다. 부지런히 움직여 30분 안에 객실 하나 를 마쳐야 당일 나에게 할당된 객실을 다 청소하고 퇴근할 수 있다. 손님이 붙잡고 이런저런 대화를 하다 보면 그다음 객실은 내 손을 더 부지런히 움직여가며 진도를 빼야 한다.

무언가 할 말이 많을 것 같은 손님이 다가오면 어눌한

영어로 짧게 대답한다. 도움을 받은 후 불필요한 사담은 오가지 않는다. 이러한 잔꾀는 상대방에게 해를 끼치지 않으면서 내가 맡은 일을 주어진 시간 안에 마칠 수 있게 해준다. 학교에서는 이런 잔꾀가 통하질 않으니 연구실에서의 시간을 빼앗기면 손해는 고스란히 집으로 오게 된다.

실패한 해결책

졸업할 때 지도 교수님이 "늘 등 뒤를 조심하라"라고 조언해 주셨다. 새로운 학교에 가서 연구실 가구를 배치할 때 컴퓨터 모니터를 문에서 보이지 않게 배치하라고 경고 아닌 경고를 해주었다. 그만큼 폐쇄적인 분위기였던 이전 학교와는 달리 내가 지금 있는 대학은 모든 것을 오픈해야 하는 분위기이다. 작업하던 컴퓨터가 열린 상태로 화장실도 다녀오는 게 전혀 이상하지 않은 문화이다.

대학마다, 학과마다 분위기가 조금씩 다르지만, 이러한 문화 속에서 처음에 시도했던 해결책은 실패작이었다. 나름 해결책이라고 생각했는데 결국 조직 문화 적응에 실패자로 낙인찍혔다. 수업하러 강의실에 가거나 미팅이 있어서 자리를 비워야 할 때를 제외하고는 주로 연구실 문을 열어놓는 게 내가 속한 단과 대학의 문화이다. 연구실 문이 닫혀 있는 것은 "방해하지 마시오"라는 무언의 의미이기도 하다. 주로 학생이 개인적인 일로 상담하러 오거나 온라인 미팅이 있을 때 문을 닫아 놓는다.

팬데믹 이후로 온라인 미팅이 잦아지면서 자연스레 연구실 문을 자주 닫게 되었다. 미팅을 마친 후에 문 열기를 게을리하고, 오가는 교수들과 친목이 줄기 시작했다. 그러다 보니 퇴근 전에 많은 일을 마무리 지을 수 있었다. 집에 와서 채점하지 않고 아이들과 드라마를 볼 수 있는 시간을 확보해서 잠시나마 작전 성공이라 믿었다. 하루는 학과장이 얘기 좀 하자고 불렀다.

"You're too private."

넌 너무 숨기는 게 많아. 사생활을 좀처럼 나누지 않아. 남편하고는 잘 지내? 아이들은 학교생활 잘하고 있니? 힘든 일이 있니? 학생들과의 관계는 괜찮은 거야?

이런 미팅을 하고 나면 부정적인 생각이 머릿속에서 떠나질 않는다. 문을 닫았던 내 행동을 반복적으로 자책하게 된다. 우울할 때는 한없이 어두운 동굴로 숨어버리고 싶은데 학교에는 나만의 동굴이 없다.

가슴에 활을 꽂은 친구

"왜 그렇게 사소한 거까지 신경을 써? 너무 소심한 거 아니야? 남의 눈치 보지 말고 네가 원하는 대로 해. 그냥 문을 닫고 일하는 게 더 좋다고 말을 해. 그걸 왜 못해?"

내가 처한 상황과 문화를 이해하지 못하고 쉽게 내뱉는 친구의 조언은 상처가 된다. 우울할 때는 이런 화끈한 친구의 말투가 특히 더 위험하다. 학교 문화에 적응을 못하는 '나'라는 사람이 문제라고 인지하면서 우울증을 더 심각하게 만들기 때문이다. 답답하여 전화했는데 한바탕 혼나고 나면 전화한 것조차도 자책하게 된다. 상처받지 않으려면 우울할 때만큼은 이런 친구에게 모든 것을 털어놓기를 조심해야 한다.

성향이 비슷한 사람끼리 친구가 되긴 하지만 친구도 여러 가지 종류로 나뉜다. 위로를 받을 수 있는 친구, 정보를 교류할 수 있는 친구, 기쁜 일에 질투하지 않고 축하해줄 수 있는 친구, 슬픔을 공감할 수 있는 친구, 소중한 시간을 함께할 수 있는 친구, 잠깐 시간을 내기도 아까운 친구, 바쁜 시간을 쪼개서라도 만나고 싶은 친구….

친구들도 인간인지라 내가 원하는 반응만 보이거나

나에게 위로가 되는 말만을 골라서 하기란 불가능하다. 우울할 때는 친구와의 대화도 살얼음판 걷는 듯 아찔하다. 자칫 가벼운 말 한마디에 얼음판이 깨져버릴 수도 있다. 그래서 때로는 친구보다 차라리 나 스스로를 위로하는 게 나을 때가 있다.

"그건 내가 잘못한 게 아니야."

"괜찮아, 누구나 그럴 수 있어."

나를 위로한 후에는 해결책을 고안해 내는 것이 건강에 도움이 된다.

소심하게 발악해 보았다

학과장에게 불려 갔을 만큼 관계가 중요한 문화에서 내 멋대로 단독 행위를 하다가는 교수 생활이 힘들어질 수도 있다. 내 시간을 조금 손해 보더라도 인사도 하고 잡담도 하면서 함께 일하는 게 그 조직 문화에서 살아남는 방법이다. 사실 사회생활을 함에 있어 그 정도 답안지다운 소셜은 그다지 힘든 일도 아니다. 하지만 우울한 기간만큼은 다른 방법을 시도해 보았다.

연구실 문을 활짝 열기보다는 반절 정도만 열어두었

다. 지금은 방해받고 싶지 않으나 꼭 필요한 일이 있으면 들어와도 된다는 나만의 소심한 배려이다. 너무 힘들어서 숨고 싶을 때는 도서관이나 학생회관에 있는 벽난로 앞에 자리를 잡아본다. 멀리 차를 끌고 커피숍까지 가지 않아도 되면서 캠퍼스를 거닐며 공기도 마시고 머리를 식힐 수 있는 좋은 계기가 되었다.

솔직히 시간을 빼앗겨서 짜증이 나는 진짜 이유는 빼앗긴 시간 자체가 아까워서가 아니다. 시간이 부족하여 내 스케줄에 차질이 생기는 것이 진짜 원인이다. 낮에 해결하지 못한 일을 저녁에 잠을 줄여가며 해야 한다던지 주말에까지 일을 하게 되면서 스트레스가 쌓이게 되면 우울 모드가 축적이 된다.

조금 다른 각도에서 생각해 보면 일과가 너무 야심 찼던 것 같다. 여백 없이 꽉꽉 눌러 담은 과일바구니처럼 내 스케줄이 버겁게도 가득 차 있던 것이다. 과일바구니에 과일이 너무 빼곡하게 담겨 있으면 과일이 눌려서 신선도가 떨어질 수도 있고, 너무 무거워서 옮기기도 힘든 데다가 조금이라도 균형을 잃으면 가득 찬 과일바구니 안의 과일이 우르르 쏟아져 버릴 수도 있다.

일을 많이 하고 싶은 욕심은 내려놓고 모든 일을 잘 해내야 한다는 강박 관념을 떨쳐 보내기로 했다. 계획에 차질은 언제라도 생길 수 있다. 적당한 양의 과일을 채운 바구니는 차질이 생겨도 여유가 있다. 시간을 빼앗기고 발을 동동 구르기보다는 스케줄을 조금 더 유연성 있게 짜서 숨통을 터줄 수 있는 시간을 보호하기로 했다.

시간을 빼앗기는 것도
결국 내가 그렇게 길을 들였기 때문이다

학교 업무 외에도 시간을 빼앗겨서 속상한 일은 일상에도 존재한다. 약속 시간에 늦게 나오는 사람이 약속 시간이 다 되어서야 연락해 오면 실망이 이만저만이 아니다. 누구에게나 피치 못할 사정은 있다. 하지만 늦어질 것을 알면서도 미리 알려주거나 약속 시간을 변경할 노력도 의지도 없이 무작정 습관적으로 늦는 사람들이 있다. '나는 늦어도 되고 상대방은 기다려도 된다'라고 생각하는 이기적인 마인드가 행동으로 나오는 것이다. 이런 사람은 상대방의 시간을 빼앗는 시간 도둑과도 같기에 신뢰하지 않는다.

누군가를 기다리느라 시간을 빼앗기고 나면 짜증이

나는 건 누구나 느낄 수 있는 감정이다. 특히 우울할 때 이런 일이 생기면 상대방이 내 시간을 소중하지 않게 여기는 것 같아서 무시 받는 기분이 든다. 이럴 때일수록 용기 내어 나 자신에게 말해준다.

"내 시간은 소중하고 존중받아야 한다. 내가 양보하기 전에는 아무도 내 시간을 빼앗을 수 없다."

그래서 기다리는 시간을 빼앗겼다고 생각하기보다는 예상치 못했던 자투리 시간을 보너스로 얻었다고 생각하기로 했다. 전에는 짬 내어 읽을 책을 한 권씩 끼고 다녔지만, 종이책은 차분히 앉아 줄 치고 메모해 가며 소중히 읽고 싶어서 집이나 차에 모셔두고 다닌다. 대신 요즘에는 스마트폰을 많이 사용하게 되었다. 보너스로 얻은 자투리 시간이 생기면 언제 어느 상황에서도 무언가 할 수 있게 해주는 이 작은 기계가 참으로 유용하고 고맙다.

이렇게 얻은 꿀맛의 보너스를 물리지 않으려면 상대방이 늦은 시간만큼 내 시간을 연장하여 할애해 줄 필요가 없다고 굳게 다짐해야 한다. 만나기로 한 시간과 헤어지기로 한 시간을 둘 다 지키는 전략이다. 약속 장소에서 2시간 동안을 만나기로 했는데 상대방이 30분을 늦게 나왔다면 결국 그 만남은 1시간 30분만 되어야만 하는 것이다. 이것이 상대방에게 해를 끼치지 않는 선에서 나 자신을 시간의 빼앗김으로 인해 무시 받는 감정으로부터 구출해 내는 방법이다.

사람은 상대방에게 길들여지게 마련이다. 시간을 양보하는 것은 '내 시간은 빼앗겨도 된다'라고 무언으로 허용해 주는 것이다. 이것은 바로 나와의 약속을 하찮게 여기거나 반복적으로 늦게 나오도록 상대방을 길들이는 것이나 마찬가지이다. 내 시간은 소중하기에 수동적으로 빼앗기기 전에 능동적으로 보호하다 보면 상대방도 나의 시간을 대하는 태도가 달라진다.

9

스트레스를 풀 시간도 친구도 없다

왜 친구가 없는지 분석해 봤어

내가 우울한 가장 강력한 이유다. 가장 크게 마음을 흔들어버린 우울증의 다섯 번째 원인이다. 주체할 수 없을 만큼의 눈물이 쏟아질 것을 마음이 알았는지 이 마지막 이유를 노트에 쓰기까지 꽤 오랜 시간이 걸렸다. 직면하고 싶지 않고, 인정하고 싶지 않은 이유이기에 더욱이 솔직하게 노트에 적어야만 했다.

그러고 보니 울적할 때 술 한잔하고 싶어도 부를 수 있는 친구도 없고 마음을 나눌 수 있을 만큼 믿을만한 동료도 없다. 아는 지인은 있으나 기쁨과 슬픔을 나눌 친구가 없다는 것은 참으로 서글픈 일이다.

그동안은 딱히 친구의 필요성을 느끼지 못했다. 친구를 사귀려면 돈과 시간, 그리고 에너지가 소모된다. 이런 소모를 감당하기에는 마음의 여유가 없었을 뿐 아니라, 지금 살고 있는 동네는 다양한 인종이 살고 있지 않으며 그중 한국인은 드물다는 것이 인구통계학적 특징이기도 하다. 게다가 아이들을 혼자 키우는 일하는 엄마에게 친구란 사치와도 마찬가지이다.

호텔에서 일하는 하우스키퍼 친구들은 대부분 영어를 못하는 라틴계 이민자들이다. 가끔씩 각자 음식을 갖고 와서 나누어 먹는 포트럭(potluck) 파티를 같이하곤 하지만 깊이 있는 대화는 불가능하다. 먹고 웃을 수 있는 이러한 모임은 껍데기만 잠시 즐거울 뿐이다. 언어와 문화라는 한계를 뛰어넘을 수 있는 친구란 상상하기 힘들다.

우울할 때는 아무와도 만나기가 싫고, 내가 먼저 찾아가기란 더욱 힘들다. 그럴 때 억지로라도 찾아와 부담 없이 희로애락을 공유할 수 있는 친구 한 명이 필요하다.

— 수수한 옷차림으로 만나도 부담 없이 술잔을 채워
줄 수 있는 친구.

— 같은 공간에서 숨만 쉬어도 위로가 되는 친구.

— 정적이 흘러도 어색하지 않은 친구.

— 눈물을 흘려도 창피하지 않은 친구.

— 바보가 되어도 이해해 줄 친구.

"오랜 친구들의 축복 중 하나는 그 친구들 앞에서는 바
보가 되어도 괜찮다."

미국의 철학자이고 시인이자 수필가이기도 한 랄프
왈도 에머슨(Ralph Waldo Emerson)의 말처럼 바보가 되어도 괜
찮은 오랜 친구 한 명이 내 곁에 없다는 게 눈물을 흘리게
했다.

친구가 없는 이유

주재원 가족으로 와서 한동네에 사는 쑥쑥 언니는 나
에게 유튜브를 시작하라고 강력하게 추천한 사람이다. 눈
인사만 하는 정도였던 우리는 함께 유튜브 영상을 찍으며
더 가까워지기 시작했다. 팬데믹으로 도시 전체가 락다운

된 상황이라 영상 촬영을 할 장소가 마땅치 않아 우리 집 지하실에서 작업하다 보니 쑥쑥 언니가 우리 집에 자주 오게 되었다.

"레이나(미국에서 불리는 이름), 친구 없지? 왜 친구가 없는지 내가 곰곰이 생각해 봤거든."

하루는 느닷없이 나에게 친구가 없는 이유를 분석해 봤다며 찻잔을 들고 내 옆에 앉았다. 내가 왕래하는 사람이 너무 없어서 관찰해 보았다고 했다.

친구의 필요성을 못 느낀다

쑥쑥 친구의 필요성을 못 느끼는 것 같다. 옆에서 보니까 친구를 만들 틈이 없다. 퇴근해서 오면 아이들 돌보느라, 깔끔한 살림을 유지하느라, 그리고 일도 하느라 너무 열심히 산다. 그런 삶을 또 즐기는 것 같기도 하다.

나 즐긴다기보다는 살다 보니 환경이 나를 그렇게 훈련시킨 것 같다. 지금 살고 있는 이 패턴 외에 어떤 친구와 무엇을 하는 것을 생각할 여유가 없던 것은 사실이다.

마음의 여유가 없다

쑥쑥 마음이 100% 가득 차 있으니 친구를 담을 여유가 없다. 약 30% 정도는 비워둬야 친구도 생긴다. 누군가가 도움을 원할 때 언제든지 달려가 줄 수 있는 여유를 두어야 한다.

나 쑥쑥 언니는 70%를 비워둔 것 같다. 주변에 있는 사람들을 모두 흡수해 버린다. 언니가 우리 집에 와 있는 동안에도 통화와 문자 하느라 바빠 보인다.

친구에 대한 기대치가 너무 높다

쑥쑥 나한테 대하는 걸 보면 안다. 친구한테 계획표는 짰는지, 오늘 할 것은 다 했는지 확인하는 것이 마치 숙제를 채점하는 것 같다. 친구한테 거는 기대가 너무 높다.

나 언니가 영어 잘하고 싶다고 노래를 부르기에 영어 공부가 잘되고 있는지 안부차 물어본 것이다. 진짜 친구라면 함께 성장할 수 있어야 한다. 부족한 부분은 격려해 주고 더 잘할 수 있게 응원해 줄 수 있어야 한다. 고쳐야 할 부분은 솔직하게 말해줄 수 있어야 진짜 친구이다.

쑥쑥 친구가 다 내 맘대로 되지는 않는다. 그러면 그런 대로 또 맞춰가며 사는 것이다. 골프도 치고 브런치도 먹으러 다니고 하는 거다.

나 그런 관계는 그냥 알고 지내는 지인인 것이다. 물론 친구와 함께 골프도 치고 브런치도 먹는다. 서로 더 잘되기를 바라고 더 높은 기대를 걸어주는 것은 건강하고 좋은 친구이다. 배려를 핑계로 솔직할 수가 없거나 대화에 시기, 질투, 자랑이 있다면 그건 친구가 아니라 그냥 아는 사람일 뿐이다.

문자가 너무 짧다

쑥쑥 차 한잔 마시러 가고 싶어서 가도 되냐고 문자를 보내면 늘 답변이 '예스', '노'로 짧다. 커피 마시러 오는 사람을 진심으로 반기는 자세란 최소한 그것보다는 길어야 한다. "우리 집에 맛있는 케이크 있는데 같이 먹자, 조심히 와." 정도 문자는 할 수 있는 거 아닌가?

나 시간과 장소가 정해지면 그 시간에 그 장소에서 만나면 되는 것이다. 문자를 하는 데는 목적이 있지 않은가? 그 목적 외에 자잘한 문자는 불필요하다. 오타도 많이 나서 신경이 쓰이는 데다가 표정이나 제스처가 없이 문자로만 소통하면 오해의 소지가 커서 문자는 조심스럽다.

쑥쑥 통화도 짧다. 친구가 부부싸움하고 울면서 전화하면 이혼할 것인지 말 것인지 결론부터 물어보는 친구가 어디 있나?

나 싸움과 화해가 반복되는 부부싸움은 칼로 물 베기 레퍼토리이기 때문이다. 못 살 정도로 심각하면 이혼을 준비하는 게 맞다. 이혼까지 할 정도가 아니면 어떻게 화해를 할 것인지를 생산성 있게 고민하는 게 맞다.

이혼할 용기도 없는 친구가 신세한탄 하는 것을 맞장구쳐가며 들어주어야 하는 것도 감정노동이다. 안타깝게도 나는 감정 쓰레기통 역할을 잘 감당해내지 못한다. 내 안에 있는 나만의 소각장에도 처리해야 할 것들이 가득 차 있기 때문이다.

대화로 스트레스를 푸는 사람이 있는가 하면, 대화를 통해 스트레스가 쌓이는 사람도 있다. 나는 후자에 가깝다. 나에 대해 더 많은 것을 나누고 나의 감정을 드러낼수록 불편해진다. 감정을 나누는 것이 중요하다는 것은 인지

하나 결론이나 해결책이 없이 감정만 나누고 끝나는 수다는 허무하다.

다가설 수가 없다

쑥쑥 다가가고 싶다가도 타인을 밀어내는 것 같아서 함부로 다가가기가 조심스럽다. 하나의 예로 인사가 참 짧다. "안녕하세요"라는 한마디만 하고 구두소리 내며 휙 지나가 버리면 그 이상 관계를 형성할 수 없다. 사람과 눈을 마주치며 날씨 얘기도 하고, 같이 바람 쐬러 가자고 제안도 하며 마음의 문을 열어주어야 한다.

나 우선, 구두는 아무 죄가 없다. 소리가 거슬렸다면 조금 더 조심하게 걷겠다. 인사가 짧은 이유는 솔직히 새로운 사람에게 먼저 선뜻 다가서서 말을 거는 게 어렵다. 뻘쭘하고 어색한 상황은 더욱이 힘들다. 여유 있게 인사하고 시시콜콜한 안부를 물어가며 여유를 갖는 것은 노력할 수 있다.

친구가 필요 없다는 인식이 무의식 중에 행동으로 나타난 것이 차갑게 느껴진 것이다. 친구를 못 사귀는 것은 아니다. 나에게 의지가 있다면 얼마든지 친구를 사귈 수 있다.

친구를 사귈 의도가 있다면 쑥쑥 언니가 말했던 30% 그 이상으로 마음을 비워낼 수 있다. 하지만 마음의 문을 열기까지 시간이 걸린다. 어느 정도 신뢰가 쌓여야 마음의 문이 열리고 관계도 형성된다. 육아, 살림, 일, 집안 관리를 남편 없이 혼자 해내야 하는 지금 나의 상황이 새로운 관계를 형성하기까지의 시간적 여유가 허락되지 않는다.

우울해 보니 이런 친구가 필요하구나

쑥쑥 언니의 분석은 정확하다. 친구 필요성을 못 느낄 정도로 마음의 여유가 없이 살고, 사람에 대한 기대가 높고, 대화는 짧으니 쉽게 다가와 친구로 지내는 사람이 없다. 내 주변에 알고 지내는 사람은 많으나 내가 마음을 의지할 친구는 없다. 머릿속으로는 친구란 사치라 생각해 왔지만 마음 한구석은 친구가 절실히 필요했나 보다. **때로는 머리보다 마음이 정답을 갖고 있을 때가 있다.**

마음이 힘들 때 전화를 할 수 있는 친구, 우울해서 울고 있을 때 나를 동굴에서 끄집어내어 줄 친구, 학교에서 억울한 일을 당했을 때 술 한잔 기울이며 내 편이 되어줄 친구, 취미든 운동이든 무언가를 같이 할 수 있는 친구, 그저 한가

한 시간을 함께해도 아깝지 않을 친구가 있으면 좋겠다. 이
렇게 좋은 친구가 있다면 타국에서 살다 종종 밀려오는 외
로움이나 억울함을 달랠 수 있을 것 같다.

10

우울증 치료에 도움이 되는 노동 치료법

스트레스를 청소로 푼다

나는 왜 스트레스를 청소로 풀지? 청소도 노동인데 말이다. 분명 세상에는 청소보다 더 즐거운 일들이 많은데 하필 청소로 스트레스를 푼다며 몸을 혹사하고 있었다. 스트레스를 쏟아내는 방법이 집 안을 청소하고 정리하는 것이라니 왠지 나 자신이 측은하게 느껴졌다.

나는 유튜브를 통해 나의 일상을 공개하는데, 어느 날 "영상에 보이는 집이 항상 정리가 되어있고 깨끗해요"라는 댓글을 읽었다. 갑자기 복잡한 생각이 들었다. 일단 깨끗하다는 칭찬에 기분이 좋아 하트를 눌렀다. 그리고 조금 씁쓸

했다. 실제로 우리 집은 늘 정리가 되어 있고 깨끗한 편이다. 아이러니하게도 정리와 청소하는 양은 나의 스트레스 레벨과 비례한다.

공부하다가도 스트레스를 받으면 후딱 일어나서 바로 청소한다. 먼지를 털면 마음에 쌓여 있는 독소를 뿜어내는 것 같고, 정리를 하면 복잡한 마음을 가다듬는 것 같고, 박박 문지르면 시원하게 스트레스를 날려버리는 것 같다. 청소할 때만큼은 걱정과 근심이 사라진다. 깨끗이 정돈된 공간에 앉아 잠시 숨을 돌리는 것이 나에게는 가장 큰 쉼이자 뿌듯한 보상이다. 땀 흘리며 잔디를 깎고 난 후 줄 맞춰 깎인 깔끔한 뒷마당을 보며 서 있노라면 내 맘이 그렇게 흐뭇할 수가 없다. 다시 생각해 보니 몸을 혹사하는 노동은 나에게 주어진 상황에서 정신을 건강하게 유지하는 가장 효과적인 방법인 듯하다.

몸으로 하는 노동은 즉각적인 결과물이 보이기 때문에 인스턴트식품처럼 즉시 포만감을 맛볼 수 있어서 좋다. 밀어두면 언젠가 대청소해야 할 것이지만 잠시 짬을 내어 머리를 식힐 겸 청소를 하는 것은 미리 숙제를 해버린 것 같아서 앞서가는 묘한 희열을 느낀다. 그래서 내 일상에서 청소하는 시간과 스트레스 레벨은 상관관계가 성립된다.

노동도 치료법이다

청소로 스트레스를 푼다는 것 자체가 아이러니한 듯하지만 분명한 것은 우울증 치료에 도움이 된다. 물론, 모든 사람에게 적용되는 것은 아니겠지만 나에게만큼은 확실한 치료법이다. 출근길 내내 이유 없이 눈물을 흘리다가도 강의실에 들어서면 아무 일도 없었다는 듯 수업한 적이 있었다. 퇴근할 때도 역시나 이유 없이 눈물이 앞을 가려 블라우스로 눈물 콧물 닦아가며 가까스로 운전하여 집에 도착한 일도 있었다. 집에 있으면 아무것도 못 할 것 같은 우울증 환자이다가도 출근하면 맡은 일은 하게 된다. 주말이라고 집에 있으면 아마도 갑 티슈 한 박스를 다 쓰고도 남을 정도로 이불 뒤집어쓰고 울고만 있었을 거다.

우울증이 오면 누가 억지로 끌어내지 않는 이상 내 의지만으로는 아무것도 하고 싶지 않고 그 어떤 것도 동기부여가 되지 않는다.

다행히도 나에게는 가야 할 곳이 있다는 것, 해야 할

것이 있다는 책임감이 동굴 속에 잠적하지 못하게 만든다. 그래서 주말에 호텔에서 일하는 삶을 택했다. 주말에 호텔로 출근하는 것은 나 자신을 동굴 밖으로 끄집어내는 효과적인 방법이다. 함께 일하는 파트타이머 중에 출근할 의지조차도 없어서 결근 전화를 하는 친구도 있다. 전화라도 해주면 고마운 것이고, 세상과 단절되어 갑자기 잠적해 버리는 사람도 있다. 그렇게 3주간 끙끙 앓다가 아무 일도 없었다는 듯이 다시 출근한다. 잠적한 3주가 얼마나 길고 힘들었을지 나는 이해한다.

청소는 육체적으로는 힘든 일이지만서도 단순한 일을 반복적으로 하는 것이기 때문에 큰 실수를 하는 리스크가 적다. 평일에는 업무 부담으로 눌려 지내다가 청소하러 가는 주말은 마음이 가볍다. 청소를 하면 기분이 좋아진다. 깨끗한 객실이 준비되면 뿌듯하고 슈퍼바이저에게 잘했다 인정받을 때 자신감이 회복된다.

스트레스를 청소로 푸는 게 나를 우울하게 만든다고 생각했지만, 사실은 청소로 우울증을 살살 달래가며 산다. 노동으로 몸을 혹사하는 것 같지만 결국 노동도 하나의 치료법인 것이다.

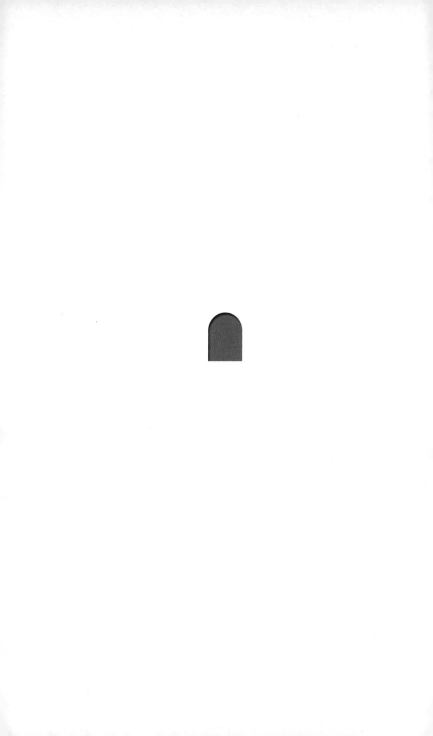

2장

교수보다 호텔 청소부

교수가 청소부라니

그래도 1년은 해봐야지

교수가 호텔에서 아르바이트를 한다. 그것도 객실 청소를 한다 하니 주변 사람들의 반응은 각기 다양하다. 도저히 이해를 못 하는 부류와 인정과 공감으로 응원해 주는 부류. 이렇게 반응은 크게 두 가지로 나뉜다. 전자의 반응들은 대충 이렇다.

"그런 일을 왜 해?"

"교수 월급으로는 생활이 힘든 거야?"

"프런트가 아니고 청소를 한다고?"

"그거 핫바리(하바리) 아냐?"

"교수가 청소부라니!"

어느 정도 예상했던 반응들이긴 하다. 순간 나오는 반사적인 반응에는 감출래야 감출 수 없는 이중성이 드러난다. 평소 해오던 말과 머릿속 깊이 내재되어 있는 가치관이 불일치하는 이중성 말이다. 직업엔 귀천이 없으며, 사람이 하는 일에 대해서는 편견을 갖지 말아야 한다고 떠들어 대던 지식인들이 누구보다도 교수가 청소를 한다는 것을 더 의아해했다.

이런 반응이 두려워서는 아니었지만, 처음부터 주변 사람들에게 호텔에서 청소 아르바이트를 한다고 말하지 않았다. 그래도 3개월은 해야 뭘 도전해 봤다고 말할 수 있을 것 같아서 굳이 말할 필요는 없다고 생각했기 때문이다.

"엄마, 그래도 3개월은 해봐야 신빙성이 있겠지?"

"야, 기왕에 하는 거 366일은 해라. 그래야 1년 이상 해봤다고 말할 거 아니냐."

일리가 있는 말이다. 목표는 1년을 채우는 거였다. 그리고 어느새 벌써 3년간 호텔 청소 아르바이트를 해왔다. 이제는 당당히 말할 수 있다. 호텔 청소를 3개월이 아닌, 만 3년 넘게 하고 있다고.

유학 생활 8년간 머리털 빠지게 공부했다. 박사과정 중에 아이 둘을 낳으며 논문을 썼으니 머리털만 빠졌을 리가. 첫째 아이를 뒤에 업고, 둘째 신생아는 앞에 안고, 논문 쓸 때 매일 똥줄 타는 심정이었다.

아이 없이 공부만 했어도 미국 살이가 녹록하지만은 않다. 지도 교수님도, 주변 그 어느 누구도 현실적으로 미국에서 살아가는 지혜를 가르쳐준 적이 없었기에 원래 직업만으로도 너무 지치고 힘들 수밖에 없다.

미국에서 교수가 된 지 8년 만에 종신교수가 되었다. 정년이 없는 미국 대학의 종신교수는 말 그대로 죽을 때까지 내가 원하면 이 대학에서 뼈를 묻을 수 있다. 여태까지 쉬지 않고 달려와서 번아웃이 온 것인지, 아니면 종신교수까지 되고 나니 여유라는 틈을 타고 들어온 것인지, 우울증이 심하게 찾아왔다. 혼자 있으면 자살이라도 할 것 같이 우울증 증상이 심해져서 혼자 있는 시간이 무서워졌다. 어디라도 뛰쳐나가서 무어라도 해야만 할 것만 같았다.

지인 소개로 동네 메리어트 계열 코트야드(Courtyard by Marriott) 호텔을 찾아갔다. 면접을 마친 매니저는 내가 호텔 프런트 데스크에서 일하길 원했고 나는 얼굴이 드러나지 않고 사람들과의 접촉을 최대한 피할 수 있는 업무를 원했다. 매니저는 고개를 좌우로 흔들며 엄지와 검지 사이에 딱 맞게 들어간 턱을 만져댔다. 일주일 동안 청소 일을 해보고 적성에 안 맞으면 부서를 옮겨주겠다고 하며 객실을 청소하는 하우스키핑을 시켜주었다.

일을 시작하고부터 매니저는 가끔씩 청소하는 객실을 지나면서 괜찮냐, 할만하냐, 부서를 옮겨줄까를 반복해서 확인 차 물어보았다. 모든 하우스키퍼들에게도 그렇게 하는 줄 알았다. 매니저에게도 직업의 귀천이라는 편견이 있었던 모양이다.

직업의 귀천은 사람이 만들어내는 것이다. 청소 아르바이트는 천하지 않다. 되려 나에겐 귀한 일이다. 유학생으로 미국에 와서 석사, 박사 학위를 취득하고 주립대 종신 교수가 되기까지도 배우지 못한 것들을 하우스키핑을 하며 배우고 있기 때문이다. 전혀 알지 못했던 미국의 민낯, 영어를 못하는 이민자들의 비애, 훌륭한 리더들이 자주 쓰는 말, 기분 나쁘지 않게 일을 시키는 방법, 진상 고객을 대하는 방법, 동료와 잘 지내는 방법 등을 말이다.

호텔 아르바이트를 하며 배운 미국 생활의 지혜는 나

의 생활을 더 윤택하게 해주고 있다. 영어를 못하는 유학생들의 비애, 훌륭한 교수가 되려면 자주 써야 할 말, 실수한 학생을 기분 나쁘지 않게 가르치는 방법, 진상 미국 학생을 대하는 방법, 동료 교수와 잘 지내는 방법 등을 배우고 있다.

행동으로 옮기는 사람들

이러한 배움 외에도 청소는 나에게 가장 효과적인 우울증 치료제라 할 수 있다. 길게는 1년간 붙잡고 작업해야 논문과는 달리, 청소는 결과를 바로 볼 수 있기에 일에 대한 보상이 즉각적이라 좋다. 내가 청소한 방에서 좋은 향이 날 때, 깔끔하고 정리된 객실을 볼 때, 손님이 좋아할 때, 팁을 받을 때, 슈퍼바이저에게 칭찬받을 때, 이렇게 즉각적인 **보상이 상처투성인 마음을 치료해 준다. 덩달아 나의 자존감이 높아진다.**

교수 생활도, 엄마 역할도 가장 지치게 하는 건 바로 밑 빠진 독에 물 붓는 일을 끊임없이 해야 할 때 드는 허무한 기분이다. **보상이 없는 일들을 묵묵히 반복적으로 하다 보면 바닥까지 내려와 있는 자신을 발견한다. 이럴 때 나**

를 다시 일으킬 수 있는 건 바로 인정과 공감이다. 청소 일을 하는 나를 인정해 주고 공감해 주는 주변 반응은 이렇다.

"넌 정말 대단해."

"널 보면 자극을 받아서 나도 더 열심히 살게 돼."

"예상 밖이긴 하지만, 하나도 이상하지 않아. 감동이야."

"너니까 할 수 있는 거야."

"나도 자극 받아서 뭐라도 하고 싶어졌어."

이렇게 진심으로 공감하고 응원까지 해주는 이 사람들은 직업에 대한 편견이 없다고 말할 자격이 있다. 빈말로만 지식인인, 지식인 코스프레 부류에 들어가지 않는 진실된 사람들이다.

나를 지지해 주는 이들 중 한 명은 의사이다. 이 친구는 내가 청소 아르바이트를 하기 전부터 조경 아르바이트를 해오고 있다. 몇 해 전에 본인 집을 직접 꾸미는 과정에서 조경에 대해 많이 배우게 되었다고 한다. 무엇보다 조경을 통해 마음의 안정을 찾았다고 했을 때는 바로 이해가 가지 않았다. 병원에서는 환자를 치료해 주고, 병원 밖에서는 흙을 만지고 돌을 나르며 정원을 고쳐주는 일이 뿌듯하고 즐겁다는 이 친구를 존경한다.

아르바이트를 구하기 위해 호텔을 찾아갈 때도 이 친구가 가장 먼저 떠올랐다. 흙 만지는 노동을 통해 마음의 안정을 찾았다는 그 말이 호텔 문을 여는 순간 온몸으로 이해가 갔다. 청소 아르바이트를 시작하고 이 친구에게 알렸다. 친구는 흥분하여 축하하고 응원해 주었다. 여러차례 자살을 시도했던 의사와 우울증을 이겨내고 있는 교수가 직접 경험한 노동의 가치를 나누기 시작하니 서로에게 든든한 후원자가 되었다.

"교수가 청소부라니!"라며 황당하고 엉뚱하다는 사람이 있는 반면, "교수가 청소부라니, 나도 무언가 도전해 보고 싶다!"라며 긍정적인 반응을 보이는 사람도 있다.

의사 친구가 나에게 동기부여가 되었듯이, 주변에 호텔에서 청소 아르바이트를 한다는 말을 했을 때 응원에서만 그치지 않고 무언가 행동으로 옮기는 친구들이 생겼다. 한 친구는 나보다 연봉이 높은 직업을 가졌음에도 나와의 대화를 마치고 바로 주말에 우버 기사 아르바이트를 시작했다. 사이드잡으로 스타벅스에서 아르바이트를 시도한 친구도 있고, 대학원 과정을 시작한 친구도 있고, 새벽 기상을 실천하게 된 친구도 있다.

평소에 해보고 싶거나, 해보면 어떨까 하는 마음이 있었으나 막상 시도하기가 힘들었던 것이다. 직업이나 학벌로 인한 그깟 체면 때문에 해보고 싶은 일을 자제할 필요는 없다. 시간상 무언가 새로운 일을 도전하기에는 벅찬 나날을 보내는 친구들도 있지만, 하루 10분이라도 독서를 시작해 보자. 이런 실천력이 있다면 오래오래 함께 계속 성장할 수 있을 것이다.

학벌 세탁한 교수

고정관념과 타협하는 일

"이력서 첨부해 주세요."

"이력서를요?"

"회사 지침이에요."

매니저가 면접이 끝나고 인트라넷에 입력해야 하는 몇 가지 정보를 알려주었다. 이름, 주소, SSN(Social Security Number: 사회보장번호. 일종의 주민등록번호), 월급 받을 은행 계좌번호 등의 개인정보 까지는 "Okay, Okay" 하면서 쉽게 넘어갔는데, 이력서를 첨부하라는 말에는 오케이가 안 나왔다.

"청소하는데 이력서가 필요해요?"라고 묻고 싶었지

만, 순간 묻지 않는 게 옳다고 생각되어 입술에 힘을 주어 입을 다물었다. 그 질문에는 내가 지원하는 하우스키퍼, 즉 청소하는 직업은 이력서 따윈 필요 없이 아무나 할 수 있는 3D 업종의 일이라는 편견을 인정하는 뉘앙스가 담겨 있기 때문이다.

사회적 편견을 깨보고자 하는 나 자신에게도 그런 편견이 있었음을 인정하지 않을 수가 없다. 나 역시 영락없는 사회적 동물인 것이, 그런 사회적 인식이 나도 모르게 스멀스멀 이미 내 신념과 가치를 형성해 버린 것이다. 솔직히 처음부터 잘못된 사회적 가치관이나 편견의 벽을 허물어 보겠다며 대단한 결심을 하고 청소 아르바이트를 지원했던 건 아니다. 호텔에서의 아르바이트는 내가 살아남기 위해 시작했던 것이다.

청소 아르바이트를 그만두지 않고 3년 넘게 계속하고 있는 교수의 이중생활은 그 **어떤 병원에서도 처방받을 수 없는 노동을 통한 치유법을 경험하고 있기 때문이다.**

교수가 되기 위해 수십 개의 대학에 지원해 봤다. 비록 이력은 같지만 지원하는 포지션에 맞게 이력서를 매번 수

정했다. 연구 실적과 강의 경력 순서를 바꾸기도 하고, 눈에 들어오는 단어로 바꾸기도 해가며 내가 다른 지원자보다 그 포지션에 딱 맞는 사람처럼 보이게 나의 이력을 더 빛나게 포장하는 작업이랄까. 때와 장소에 맞게 옷을 입듯이 이력서 또한 지원하는 포지션에 맞아야 한다고 생각했다.

하우스키핑에 어울리는 이력서를 작성하기 시작했다. 청소와 관련된 이력이 없어서 자원봉사를 했던 경험까지 머리를 쥐어짜 가며 한 줄 한 줄 늘려갔다. 가까스로 작성한 이력서인데 한 쪽도 채워지지 않았다. 청소 아르바이트 이력서 작성이 이렇게 힘들 줄이야. 마지막에 '최종 학력'을 기입해야 했다. 학력은 시급 결정과는 무관하다. 굳이 박사학위까지 받았다고 쓰기가 쑥스러웠다. 면접을 볼 때 매니저와의 대화가 생각났다.

"영어는 어디서 배웠어요?"

"뉴욕에서 학교를 다녔어요."

국적은 대한민국인데 영어를 어디서 배웠는지 궁금해해서 뉴욕에서 학교를 다녔다고 했다. 대학을 다녔는지 대학원을 다녔는지까지는 물어보지 않았다. 그래도 이력서에 대학교 졸업은 포함해야 앞뒤가 맞겠다 생각했다. 지금에 와서 생각해 보니 왜 굳이 최종 학력을 숨겨야 했을까. 거꾸로 학벌 세탁을 했어야만 했나? 혹시 박사 학위 소지자라고 하우스키퍼를 안 시켜주는 일을 없었을 텐데 말이다.

학벌이야 어떻든 청소 아르바이트를 하는 게 불법도 아닌데 왜 나는 떳떳하지 못했을까? 내가 주말에 청소를 한다고 했을 때 나를 이해하지 못했던 사람들을 비판하고 비웃었던 나 또한 박사 학위와 청소 아르바이트가 안 어울린다고 생각했던 것이 아닌지 부끄러워진다. 나의 그런 가치관이 떳떳하지 못했기에 거꾸로 학력 세탁을 한 교수가 되어버렸다.

보송보송하고 깨끗한 세제 냄새가 나는 침대 시트를 갈면서 생각한다. 오늘 부끄러운 생각을 하지는 않았는지. 지금의 삶이 아이들 앞에서도 떳떳한지. 정장을 입었을 때와 청소부 유니폼을 입었을 때 말과 행동이 일치한지. **세상이 만들어놓은 고정관념에 묻혀서 그것과 타협하느라 내 가치관이 흔들리지는 않았는지.**

3

노동에서 찾는 휴식

단순노동의 미학

강의실과 연구실에서는 교수 역할, 그리고 집에서는 엄마 역할을 정신없이 하다 보면 나만의 생각을 정리할 수 있는 고요한 시간을 놓치고 만다. 호텔에서 청소 아르바이트를 하는 토요일은 한 주간 밀린 생각을 정리하는 날이다. 청소하며 머리를 식히고 생각을 정리한다니, 쉽게 이해하기는 힘들 것이다.

몸에 익은 단순노동은 많이 생각하지 않아도 몸이 기억한 대로 움직이게 된다. 개수를 일일이 세지 않아도 몇 개의 커피가 비어 있는지, 몇 장의 수건을 채워야 하는지, 객실을 둘러보면 어떤 순서로 청소해야 하는지는 몸이 안다.

객실에서 청소할 때 몸은 억척스레 움직이지만 복잡한 머리에는 잠시나마 휴식을 주기도 한다. 머리를 정화시키고 나만의 시간을 가질 방법은 다양하다. 일주일간 보지 못했던 한국 뉴스나 드라마를 틀어 놓고 몰아서 시청할 때면 향수병을 살짝이나마 달랠 수 있다. 한국에는 요즘 어떤 게 화젯거리인지를 듣다 보면 잠시나마 한국에 와있다는 착각이 들 때가 있다. 한국어로 진행되는 토크쇼를 들을 때면 마치 내가 출연진과 함께 소통하는 것 같이 느껴질 때가 있다. 같이 웃고, 때로는 울고, 어떤 때는 맞장구도 쳐가며 한 자리에 앉아 있는 듯 동화된다.

시차가 맞으면 한국에 있는 엄마, 시어머니와 번갈아 통화하며, 친구들과도 한 번씩 연락을 주고받는다. 침대 시트를 가는 동안 한바탕 수다를 떨고 나면 가슴에 답답하게 뭉쳐 있던 체기가 좀 내려가는 듯 시원해진다. 대화 속에는 늘 깨달음과 배움이 있다. 이런 대화를 통해 마음의 위로를 얻기도 한다. 대화의 마무리에는 늘 아쉬움과 함께 앞으로의 각오가 있다.

각오란 아주 사소한 것부터 조금 진지한 것까지 매우

다양하다. 물을 더 많이 마시자, 심을 비우자, 지금도 잘하고 있다고 생각하자, 나를 걱정해 주는 사람이 있다는 것을 명심하자, 다음 주에는 어머니 레시피 대로 고기 요리를 해봐야겠다, 말을 조심하자, 남들의 시선에 조종당하지 말자 등으로 마무리를 짓는다.

나만의 공간에서

이렇게 속풀이가 끝나면 좋아하는 음악을 틀어 놓고 그간 밀렸던 생각을 정리한다. 잘한 것, 실수한 것, 해야 할 것, 아이들과 대화할 때 꼭 해주고 싶은 말, 글로 남기고 싶은 기록, 영상으로 나누고 싶은 내용 등. 이렇게 머리는 즐거운 생각들로 가득 찬다. 그러다 문득 학교 업무 생각을 하면 이 즐거운 생각을 망쳐버리고 만다. 마치 즐거운 파티장에서 열심히 춤을 추다가 갑자기 음악이 멈춰버리듯이 흥이 깨져버리고 만다. 그래서 주말만큼은 학교 업무를 생각하지 않는 것이 철칙이다. 이것이 나에게는 휴식이다.

객실에서 청소할 때는 내가 무엇을 듣던 아무도 상관하지 않는다. 쉬지 않고 성실히 움직여 가며 시간에 맞춰 청소를 끝내면 된다. 객실 안은 누구에게도 방해받지 않는 나만의 휴식 공간이다. 노동이라는 단어와는 사뭇 어울리지 않은 듯하지만 반복되는 단순노동을 통해 머리를 식히는 것만큼이나 좋은 휴식도 없다. 이것이 단순노동의 미학이다.

4

칭찬받을 권리, 인정해 줄 의무

칭찬이 고팠다

하우스키퍼가 하는 일은 엄청난 체력을 요하는 막노동이다. 교수가 왜 시급 17달러를 받으며 막노동을 하는지 다들 의아해한다. 우울증에는 정신의학과 의사를 만나 상담 치료를 받는 것보다 막노동이 훨씬 더 효과적이다. **돈을 내가며 의사와 약물 치료에 의지하느니, 돈을 받아가며 우울증을 이겨내고 있는 이 독특한 치료법은 직접 경험해 보지 않으면 쉽게 이해하기란 어려울 것이다.**

나의 우울증은 아마도 칭찬이 고파 생긴 마음의 병이 지 않은가 싶다. 교수로서 강의하고 논문을 쓰는 일은 당연한 일이다. 그 외에 학생 관리, 학회, 회의, 프로젝트, 대내외 활동과 펀딩을 끌어오는 등의 일들을 한다. 이런 노동에 대한 대가는 이미 연봉에 책정되어 있다. 마땅히 해야 하는 일이기에 강의를 잘했다고, 논문을 잘 썼다고 특별히 칭찬을 해주지는 않는다. 물론 단과 전체 메일로 상투적인 축하 메시지를 받기는 한다. 그리고 계속해서 더욱더 잘하기를 기대한다. 하면 할수록 기대치만 높아지니 결국 대학에서 충분히 잘했다고 칭찬받을 만큼의 일은 성취하지 못하고 명을 다할 것 같다.

하우스키퍼가 청소를 마치면 슈퍼바이저가 객실을 점검한다. 객실이 완벽히 준비되면 프런트에 체크인이 가능한 객실이라고 보고한다. 프런트에서 시스템에 입력함과 동시에 온라인 예약을 받을 수 있다.

"주머니 털어 돈이 나오면 100원당 한 대씩 맞는다."

마치 깡패한테 걸리면 돈 뜯기며 협박당하는 것처럼 객실 점검 시 머리카락 한 올에 1점씩 감점이다. 감점 리스트는 다양하다. 커피, 휴지, 수건, 로션, 비누 등 물품이 한 가지라도 빠지면 당연히 감점이다. 욕조나 세면대에 물 자국이 남았거나, 냉장고 문에 지문이 보여도 감점이다.

그리고 일주일간의 점검 결과가 점수로 환산된 점검표가 매주 빨래방에 붙여진다. 시험 성적표를 게시판에 붙여 놓던 한국 교실이 생각난다. 청소 점검 결과표는 하우스키퍼의 성적표나 다름없다.

자책도 병, 살기위한 병이다

출근하니 빨래방 벽에 영락없이 지난주 점검표가 붙어 있었다. 성적순으로 정렬되어 있는데 내 이름이 가장 위에 있었다. 지난주에는 95%, 이번 주에는 96%의 결과로 두 주간 연이어 1등을 했다.

"앗, 100%가 아니네? 내가 뭘 까먹은 거지? 화장실 바닥 잘 닦았는데 혹시 머리카락이라도 떨어진 건가?"

도대체 어떤 실수로 100%를 채우지 못했는지 기억해내려고 애를 쓰며 청소 카트에 수건을 주섬주섬 챙겨 싣고 있었다.

"레이나 축하해, 이번 주도 1등이야."

"오호, 고학력자라 그런지 청소도 잘하네?"

"지난주에도 1등 하지 않았어? 대단해!"

100%가 아님에도 불구하고 이렇게 과한 칭찬을 듣다니 어쩔 줄 몰랐다. 코끝이 찡해졌다. 문득, 나에게 생긴 병을 발견했기 때문이다. 바로 자책이다. 동료 하우스키퍼와 매니저는 96% 성취율을 칭찬해 주는데, 그 4%의 부족함이 무엇이었는지 분석해 가며 자책하고 있는 나 자신이 불쌍해졌다.

사소한 일도 심각히 여기며 자책하는 사람들이 한심해 보일 때가 있었다. 후회하거나 반성할 시간에 한 발짝이라도 더 나아가야 한다고 생각했다. 내가 선택한 일에 대해, 이미 일어난 일들을 되돌아볼 새도 없이 달려만 왔다. 그런 내가 자책이라니. 자책하는 지금의 내 모습은 어울리지 않는다.

자책도 병이다. 태어날 때부터 그랬던 건 아니다. 살다 보니 나에게도 이런 마음의 병이 생겼다. 자신을 비판하고, 잘한 것보다 부족한 면을 우려하는 나의 병은 우울증과 함께 시작되었다. 우울증의 원인을 분석해 보니 자책은 살아남기 위한 병이 아니었을까.

교수는 상사, 동료, 학생들에게 끊임없이 평가를 받는

다. 이 과정에서 유일한 외국인 교수라는 이유로 나는 더 많은 시선을 인식하게 되고, 주변의 기대치에 부합하고자 늘 긴장 속에 살아왔다. 그러다 보니 주변 사람들에게는 한 없이 관대한데 정작 나 자신에게는 철저하게 엄했다. 동료 교수가 나를 지적하기 전에, 학생들이 뒷이야기를 하기 전에 스스로 채찍질해 가며 부족한 점을 보완하려고 애를 썼다. 그렇게 해서라도 나의 존재 가치를 인정받고 종신교수가 되는 것이 목표였다. 생존을 위한 자책이었다고 해두자.

칭찬받을 권리, 인정해 줄 의무

이제는 자책에서 벗어나야 한다. 열심히 일한 결과물에 대해 칭찬받을 권리가 있다. 일등을 했으니 자부심을 갖고 온전히 기쁨을 만끽할 수 있어야 한다. 그깟 4%에 나의 영혼을 죽일 필요가 없다. 그리고 일등을 **하지 않아도, 충분히 칭찬받을 권리가 있다.**

우울증으로 정신의학과 상담을 받으면 회당 기본 200달러를 지불한다. 시간 당 17달러를 받으며 일하는 청소는 완벽하지 않아도 칭찬도 함께 받으니 긍정의 힘이 팍팍 솟는다. 결국 청소한 노동에 대한 보상은 17달러보다 훨씬 더 큰 값어치가 있는 것이다. 교수 생활은 고치기 힘든 정신적 고통과 마음의 병을 주었고, 하우스키핑은 그 병을 치유할 수 있는 분출구가 되었다. 그래서 주말에 호텔 하우스키핑을 하는 것이다.

학교에서 60명의 학생 중에 딱 한 명이 컴플레인을 한 적이 있었다. 전반적인 강의 평가는 꽤 긍정적으로 나왔는데 그 한 명의 컴플레인 때문에 학장에게 불려 갔다. 학생이 컴플레인한 것에 대해 강의의 정당함을 해명하고, 요구한 대로 강의 계획서, 강의 자료, 그리고 강의 평가 전체를 복사해서 제출했다. 학과장은 59명 학생의 긍정적인 평가에 대해서는 칭찬이나 인정을 해주지 않았다. 단 한 명의 컴플레인 때문에 형편없는 교수 취급을 받은 그날은 바보가 된 기분이었다.

교수를 그만두고 싶게 하는 건 그런 학생의 컴플레인이 아니라 1%의 부정적인 피드백을 확대하여 99%의 성취를 인정하지 않는 동료 교수들이다. 부족한 1%를 질타하기보다 99%의 성과물을 인정해 주는 것. 이것이 바로 대학교수들이 호텔 하우스키퍼에게서 배워야 할 점이다.

교수보다 하우스키퍼

주말에 하우스키퍼를 할 때가 주중에 교수일 때 보다 행복한 이유는 칭찬과 인정을 받기 때문이다.

"하우스키퍼가 없으면 호텔 운영은 불가능하지."

슈퍼바이저와 매니저는 지나가면서도 한마디씩 던지 며 칭찬을 아끼지 않는다. **작은 일을 해도 열심히 한 일에 대해 인정해 준다.**

"열심히 해줘서 고마워. 다음 달 평가 때 시급 올려줄게."

시급은 매니저가 독단적으로 결정하고 올려주는 게 아 니라, 본사 지침에 따라 평가를 통해 결정하는 것이다. 그럼 에도 불구하고 매니저 앞에 엎드려 절이라도 하고 싶을 정 도로 고맙게 느껴지는 이유는 바로 '칭찬 한마디의 힘' 때문 이다. 청소를 하면서도 자부심이 생기는 이유는 바로 누군 가가 내가 한 일을 인정해 주기 때문이다.

일을 잘할수록 칭찬보다는 기대치를 계속 올리는 대 학교수보다는 작은 일도 칭찬받는 하우스키퍼가 정신 건 강에 훨씬 낫다. 겪어보니 알 것 같다. 칭찬과 인정이 얼마 나 중요한지를 말이다. 그래서 학생들에게도 칭찬을 아끼지 않고 화끈하게 인정해 주기로 했다. 솔직히 학생들의 과제가 마음에 들지 않고 성의가 없어 보일 때가 많다. 하지만 그것이 학생들의 수준에서는 최선을 다한 것일 수도 있다. **더 열심히, 더 크게 성장하기 위해서는 매질보다 칭찬이 필요할 때가 있다. 지금은 100%가 아니더라도 괜찮다. 칭찬이 나머지를 향해 달릴 수 있는 원동력이 되어줄 테니까.**

고래도 춤추게 한다는 칭찬과 열심히 한 노동에 대한 인정. 이것이 막노동을 그만두지 못하고 주말마다 호텔로 가게 하는 원동력이라 할 수 있다. 주중 교수보다 주말 하우스키퍼가 더욱 설레는 이유이다.

5

명문대 출신 최저 시급

이방인으로 살아가기

"Did you go to school?(너 학교는 다녔니?)"

커피가 내려지는 동안 블레어가 나에게 물었다. 호텔 청소 아르바이트 이력서에 학력을 위조했는데 같이 일하는 동료에게 뭐라고 답해야 할지 순간 망설였다.

"응, 버팔로(미국 뉴욕주 서부에 있는 도시)에서 학교 다녔어."

"대학을 졸업했어?"

"응."

"혹시 수니 버팔로(SUNY Buffalo)에 다녔어?"

"응, 맞아. 근데 너 수니 버팔로를 알아?"

내가 살고 있는 미국 중북부 미네소타의 대다수 로컬 사람들은 뉴욕주립대(The State University of New York)라고 풀어 말하지 않으면 수니 버팔로를 알지 못한다. 이 동네는 명문 대 진학률 또한 낮다. 대도시 학생들처럼 공부를 치열하게 시키지 않는 경향도 있지만, 공부를 잘해도 굳이 큰 대학으로 가지 않는 선택을 하기도 한다. 고등학교 4년 내내 전 과목 A를 받고 장학금 및 수상 경력도 많은 졸업생 소식이 얼마 전 지역 신문에 실렸다. 동네 작은 대학으로 전액 장학금을 받고 입학하기로 결정해 지역의 '자랑인'으로 화제가 된 것이다. '인 서울', '스카이'에 목숨 거는 한국인으로서는 이해하기 힘든 문화이다.

이런 분위기의 동네에서 '버팔로'라는 이름 하나 만으로 수니 버팔로라며 반기던 블레어는 한국인인 나보다 더욱 이방인 같게만 느껴졌다. 눈을 크게 뜬 블레어가 흥분한 듯 반가워하며 답했다.

"그럼! 수니 버팔로 당연히 알지! 나도 사실 UC(University of California) 졸업했거든."

역시 캘리포니아에서 왔구나. 인구 5만 5천만 명 정도밖에 안 되는 이 작은 도시에는 어떻게 오게 되었을까? 여기가 고향이어서 졸업 후 돌아온 설까?

"블레어, 고향이 여기야?"

"아니."

"캘리포니아에서 어떻게 하다 이 동네로 온 거야? 혹시 풀타임으로 일해?"

"평일에는 강의하러 나가. 주말 오전에는 여기서 일하고, 오후에는 헬스장에서 일해."

"너 직업이 세 개씩이나 되는구나!"

"사실 네 개야. 밴드도 하거든. 너는? 메인 직업이 뭐야?"

"나도 대학에서 학생들을 가르쳐."

강사인지 교수인지는 알아서 해석하겠지. 비스트로 오픈 준비를 하느라 우리의 첫 대화는 일단 여기서 마무리가 되었다.

새로운 일에 도전하게 만드는 무언가

블레어는 왜 호텔에서 파트타임으로 일하고 있는 거지? 왜 최저 시급을 받아 가며 호텔에서, 헬스장에서 주말까지 일하는 것이지? 혹시 파이어족? 그럼 은퇴를 목표로 하는 기준은 무엇일까? 대도시로 갈 수 있는 스펙으로 왜 이 작은 동네까지 들어와 살게 되었을까?

블레어에 대해 너무나도 궁금해졌다. 누가 봐도 깔끔하고 호감 가는 외모. 영어는 당연히 능통하고, 석사 출신에, 성격도 좋고, 일하거나 손님을 대하는 센스도 넘쳐나는 사람이다. 잠시 나눈 대화에서도 어휘력이 남다르게 교양 있어 보였다. 모든 한국 사람이 한국어를 잘하는 게 아니듯, 미국 사람이라고 영어를 다 잘하는 게 아니다. 지역 혹은 인종별, 민족 집단별로 발음이나 억양, 관용어구가 조금씩 다르다. 블레어의 영어는 내가 만난 사람들과는 확실히 다르게 느껴졌다.

비스트로를 마감할 때쯤 블레어가 식기세척기에서 방금 꺼내 온 따끈따끈한 스푼과 포크를 식탁에 올려두었다.

"레이나, 여기 앉아봐. 식기류 준비하는 거 알려줄게."

종아리가 아팠던 참에 앉아서 하는 일이라니 좋아하며 덥석 앉았다. 스푼과 포크를 헝겊으로 닦아내 하얀 냅킨에 예쁘게 둘둘 말아 스티커를 붙여 고정하는 작업이다. 블레어는 정성스레 순서를 설명해 주며 단계별로 따라 하도록 시켰다. 재미있고 쉬운 단순 작업은 잡념을 없애기에 딱 좋다. 수다 떨면서 하기에도 좋다. 블레어가 먼저 물어봤다.

"오늘 일 어땠어? 할만해?"

"응, 새로운 걸 시도해 보고 싶었어."

"무엇이 새로운 일을 도전하게 만든 거니?"

"우울증."

내 잘못이 아닌 우울증

이제는 감추지 않는다. 우울증이 내 잘못은 아니니까. 나의 감정을 꽁꽁 끌어안고 숨길 필요는 없다.

"나도 우울증이 있어. 나와서 일을 하는 건 좋은 전략이야. 같이 일하게 돼서 정말 반가워."

블레어가 말했다. 최근에 애인과 헤어지고 우울증이 심해졌다 한다. 잠시라도 혼자 있는 게 힘들어 주중 주말 쉴 새 없이 일을 하러 다닌다고 했다. 손님을 대할 때 매우 밝고 친절한 모습과는 너무나 반전인 모습이었다. 블레어를 백 번 이해한다. 그는 우울증과 함께 헤어진 애인을 잊으려 안간힘을 쓰고 있는 거다.

흔히 우울증이 있는 사람에게 운동을 권한다. 운동이 확실히 좋긴 하나, 가장 힘든 게 운동이기도 하다. 우울증이 오면 스스로 운동하기란, 하기 싫은 공부를 하는 것보다 백배 더 힘들다. 억지로 누군가가 신발을 신기고 엉덩이를 끌어내지 않으면 스스로의 힘으로 운동을 하라고 말하는 의사의 말은 가장 무책임한 처방전이다. 온몸이 축 처져서 잠만 자고 싶고 그 무엇도 동기부여가 되지 않기 때문이다. 그러나 심한 우울증을 앓고 사는 전문직의 사람들도 동료들이 전혀 눈치채지 못할 정도로 일을 할 때만큼은 우울증 환자로 보이지 않는다. 오늘 비스트로에서 일하던 블레어의 모습에서도 전혀 우울함을 느끼지 못했듯이, 나 또한 누가 봐도 멀쩡하게 교수 생활을 잘하고 있다.

마음속의 공허함을 채우는 방법

"블레어 너라면 아르바이트라도 많은 선택을 할 수 있을 텐데, 호텔에서 일할 생각은 어떻게 한 거야?"

"나는 서비스를 제공하고 손님을 기쁘게 하는 일이 즐거워."

마감을 준비하며 오전 내내 담아두었던 많은 대화를 나누게 되었다. 우리에겐 많은 공통점이 있었다.

— 남을 대접함으로 기쁨을 얻는다.

— 단순 작업으로 마음을 비우고 성취감을 느낀다.

— 혼자 있기보다는 소속감을 느끼게 해주는 주말 일
이 더 즐겁다.

규칙적으로 운동하기는 힘들어도 정해진 시간에 출근
해야 하는 주말 아르바이트는 여러 면에서 블레어와 나에
게 매우 좋은 우울증 치료법이다. 교수가 아르바이트한다
는 게 엉뚱하게 보일 수도 있지만 캠퍼스 내에서 억누르고
있던 자아가 호텔에 가면 살아나는 것 같다. 호텔 청소 아
르바이트를 하며 이 일을 선택하길 잘했다고 생각하는 순
간이 있다.

— 캠퍼스와 관련이 없는 사람을 만나 부담 없이 소통
하면 스트레스 해소가 된다.

— 새로운 일을 시도해 보는 것 자체가 너무나도 의
미 있다.

— 양질의 서비스를 제공하면 자존감이 높아진다.

— 최저임금이라도 내가 즐기는 일을 하며 돈도 번다.

학벌을 서랍 속에 넣어두면 최저 시급 아르바이트로도 더 즐거운 일을 할 수 있다. 대학 졸업장만으로 충족되지 않는 공허함이 있다면 돈을 떠나 내가 정말 즐길 수 있는 일을 찾아 도전해 보는 것은 멋진 일이다.

6

일주일에 하루만 일해도 벤츠 탈 수 있다

'그런 일'은 결코 작은 돈이 아니다

"니 미친나?"

대구에서 이민 온 복귀 이모가 자식 혼내듯 말하셨다.

"니 마 교수나 잘해라, 뭔 청소가!"

많은 사람이 시급을 얼마나 받는다고 교수가 막노동을 하나 의아해한다.

지금 내 시급은 17달러다. 현재 환율로 22,500원꼴이다. 토요일 6시간 아르바이트하면 135,000원을 버는 셈이다. 한 달이면 540,000원이다. 맞다. 내가 시간당 17달러를 벌기 위해 꿀 같은 주말 6시간을 호텔에서 청소한다는 건

기가 막힌 일이 아닐 수 없다. 하지만 내가 일주일에 딱 하루만 일해서 540,000원을 벌 수 있다면, 신형 벤츠 할부금을 낼 수 있는 거다. 이처럼 간단한 계산법을 알았더라면 진작에 차를 바꿔 탔을 거다.

호텔에서 자동 입금되는 월급통장에 닉네임을 붙일 수 있다. 그래서 그 통장을 '벤츠'라고 지었다. 그리고 벤츠를 주문했다. 벤츠는 맞춤형 주문을 받기에 주문을 도와줬던 매니저와 한참을 앉아서 옵션을 하나하나 추가하는 과정에서 이런 생각이 들었다.

"2시간만 더 일하면 이런 옵션도 추가할 수 있겠군. 2시간이면 집에 드러누워 드라마만 볼텐데, 까짓것 드라마 틀어 놓고 2시간 더 청소하고 이 옵션을 추가해야겠다."

사람들이 우습게 보는 시급 17달러는 결코 작은 돈이 아니다. 내가 청소한다고 했을 때 '그런 일'을 왜 하냐며 놀라는 사람들이 있다. 이 사람들에게는 공통점들이 있다. 사지 멀쩡하면서도 일을 하지 않는다. 4년제 대학까지 졸업했다. 자존심이 강하다. 명품가방 하나 정도는 있다. 그리고 청소 같은 일은 절대로 할 수 없다고 생각한다.

편견 없는 돈

나에게는 지독히도 가난했던 유학 시절이 있었다. 장
학금 받는 돈으로 월세를 내고, 한국에서 남편이 힘들게 보
내주는 돈으로 간신히 기저귀와 입에 풀칠할 정도로만 살
았다. 유학 비자로 돈을 번다는 것은 불법이었기에 늘 돈을
버는 상상을 했다. 할 수만 있다면 식당에서 접시라도 닦고
싶다고. 시급 10달러만 받아도 스테이크를 사 먹을 수 있겠
다고. 내가 일을 할 수만 있다면 뭐든 해서 이 가난한 유학
생활에서 벗어나고 싶었다. 작은 돈이 얼마나 소중하고 큰
지 확실히 이해했다.

미국에는 의외로 저소득층 가정이 많다. 내가 살고 있
는 미네소타는 미국뿐 아니라 전 세계를 경제적 위기에 처
하게 한 서브프라임 모기지 사태 때도 끄떡없었던 경제적
으로 매우 튼실한 주로 알려져 있다. 그런 미네소타도 11%
의 어린이들이 빈곤층 자녀로 급식비 및 식료품 구입비 지
원을 받는다(MN Department of Health, 2023). 빈곤층이 되기까지
는 그만한 사연이 있다. 그 어떤 빈곤층 가정도 그렇게 되기
를 원했던 건 아니다. 하지만 미국은 일자리가 많아서 직업
에 대한 편견만 없다면 어떤 일이라도 해서 극빈곤층에서

는 벗어날 기회는 있다는 것이다.

건강하다면 청소 그까짓 것 못 할 것 없다. 일주일에 하루만 일해도 벤츠를 탈 수 있는데, 풀타임으로 일하면 가족을 먹여 살릴 수도 있다. 같이 일하는 동료는 풀타임으로 호텔 청소를 하면서 시간이 날 때마다 친구 식당 일을 돕는다. 남편은 월마트에서 비정규직으로 일한다. 두 부부는 멕시코에서 이민을 와서 닥치는 대로 열심히 일해 두 아이를 대학까지 보냈다. 얼핏 보기에 이 부부의 삶이 고되어 보일 수 있다. 하지만 슬리퍼 신고 배낭 하나 메고 이민 온 이 부부는 부지런만 하다면 미국은 기회의 땅이라 고백한다.

주변에 살기 힘들다고 투덜대는 사람들이 많다. 먹고 살기 힘들다. 일자리가 없다. 그런 시급으로는 일하기 싫다. 투덜대는 이유는 다양하다. 일자리를 구해도 힘들다고 쉽게 그만두는 사람들도 많다. 사지 멀쩡하고 대학까지 나왔는데 지금 아무 일도 하지 않으면서 교수가 호텔에서 청소를 한다고 비웃는 사람들의 마인드로는 평생 발전이 없을 수밖에 없다. 청소부라는 직업이나 시급을 무시할 게 아니다. 일주일에 하루만 일해도 벤츠를 탈 수 있지 않은가.

7

일주일에 하루만 일해서 천만 원 만들기

작지만 큰 가치

"천만 원? 미국 교수는 연봉이 높은가 봐?"

"주말에 호텔 청소해서 모은 돈이에요."

"시급 13달러로 천만 원을 모았다고?"

작은 돈이라도 벌지 않으면 큰돈은 언제 만드나. 벽돌을 한 장 한 장 쌓아서 건물을 지어 올리듯, 작은 돈이라도 벌어서 모으면 큰돈이 될 거라고 믿고 싶었다.

주말에 일하는 호텔에서는 하우스키핑 시급이 13달러부터 시작이다. 슈퍼바이저의 평가를 거쳐 매달 조금씩 시급이 오른다. 지난 3년간 일하며 나의 임금은 시급 17달러까지 올랐다. 아무리 계산기를 두들겨 보아도 당시 시급 13달러로 큰돈을 만들고 싶다는 욕심은 현실 가능성이 없는 그저 허황된 꿈만 같았다. 하지 말라면 더 하고 싶은 반대 심리가 치솟았는지 이상하게도 그 꿈을 실현해 보고 싶었다.

내가 선택한 방법은 애사심을 곁들여 메리어트사에 투자를 하는 것이었다. 시급을 받는 족족 메리어트 주식을 사기 시작했다. 주말 아르바이트를 시작한 지 1년이 지나자, 많은 사람들에게 무시당하던 그 작은 시급이 모이고 불어 천만 원이 되었다. 천만 원을 만들 것이라는 목표를 세울 수 있었던 건 어린아이도 생각할 수 있었던 아주 간단한 경제적 원리였다. 아이가 아빠를 만나러 한국에 가려고 예약했던 항공권이 코로나 때문에 취소된 상황인데, 호텔 수영장에서 하려던 생일 파티까지 취소를 해야 하니 실망이 이만저만이 아니었다.

"엄마, 코로나 끝나면 호텔 수영장에서 생일 파티 할 수 있는 거야?"

"그렇겠지. 올해 못한 생일 파티 아껴두었다가 그때 한꺼번에 신나게 놀자."

"그럼 그때 가면 호텔에 손님 많아지겠다. 사람들이 여행도 다닐 거고 못 만났던 가족들도 만나러 비행기도 타고 그러겠다. 우리도 아빠 보러 갈 수 있겠다."

"오… 네 말이 맞아. 그때 되면 호텔도 항공사도 다시 살아나지 않을까 싶네."

팬데믹으로 호텔은 적자를 내고 있었고 1주당 152달러 하던 주가가 3개월 사이에 59달러까지 급락했다. 10살짜리 딸아이와의 간단한 대화는 내가 미처 생각하지 못했던 시장의 흐름을 깨닫게 해주는 순간이었다. 저가에 매수할 기회인데 왜 그 생각을 못 했을까.

처음부터 천만 원을 만들려고 했던 건 아니었다. 객실 하나 청소하는데 평균 30분 정도 걸린다. 1시간에 객실 두 개를 청소하는 노동의 대가는 13달러. 1시간에 객실 두 개, 그것이 기준이다. 슈퍼바이저는 이 기준에 맞게 청소할 객실을 하우스키퍼들에게 배정한다. 쓰레기통을 비우고, 침대 시트와 베개 커버를 갈고, 커피와 수건과 휴지를 채워 놓고, 욕조와 변기를 닦고, 세면대와 거울을 닦고, 사람 손이 닿는 모든 곳을 소독하고, 청소기를 돌려 마무리를 짓는다.

그렇게 땀 흘려 일해 받는 시급이 13달러라니. 내 노동의 대가는 그보다 훨씬 높아야 한다고 확신했다. 급락한 메리어트 주식을 저가에 매수해 두면 아무리 변동성을 감수하더라도 지금 받는 13달러보다 분명 그 이상의 가치가 될 것이라는 확신이 들었다.

지금의 교수 연봉으로 캘리포니아나 대도시에서 산다면, 나는 분명 저소득층에 속한다. 하지만 지금 살고 있는 미네소타에서는 2024년 기준으로 나는 중산층에 속한다. 교수 월급으로 호화로운 삶을 살 수는 없는 게 현실이지만 모기지를 내고 아이 둘을 키우며, 충분히 할 거 하면서 먹고는 산다. 그래도 솔직히 늘 풍족하거나 여유가 있는 건 아니다.

가끔 큰 가구나 전자제품이라도 구입하게 되면 긴축 재정에 들어가야 한다. 교수라지만 수중에 돈 천만 원 모으기 참 힘들고 버겁다. 가끔 청소해서 번 돈을 건드리고 싶을 때가 있었다. 그 돈으로 살짝 여유를 부려볼지, 그냥 잊고 묻어 놓을지 선택을 할 수 있다는 상황에 나 자신을 위로하면서 꾹 참았다. 배고팠던 유학생 때와는 달리 나에겐 고정 수입이 있지 않은가.

내 손에 단돈 100달러가 없어서 전전긍긍하던 유학 시절이 있었다. 어떤 달에는 통장 잔액이 바닥이어서 집안 온 구석을 뒤져 동전까지 긁어 모아 전기세를 낸 적도 있었다. 우리 부부가 유학 생활을 시작하고 얼마 되지 않아 유학자금 예산에 차질이 생겨버렸다. 2008년 글로벌 금융위기로 환율이 최고점을 찍었을 때는 1달러가 1,962원까지 올랐다. 많은 유학생이 귀국하기 시작했고, 우리 부부는 빚을 내서라도 이 생활을 더 이어나가기로 했다.

남편이 석사 과정을 마치고 귀국해서 버는 월급으로 틈틈이 빚을 갚아가면서 쪼개고 쪼개 생활비를 보내주고 있던지라 아무리 힘들어도 뭐라 투정할 수 있는 상황도 아니었다. 여가 생활 없이 아이들 기저귀 사고, 먹거리 좀 사면 나에겐 청바지 한 벌 사 입을 여력이 없었다. 졸업할 때 무릎에 구멍이 난 청바지를 쓰레기통에 버리며 한이라도 푼 듯 속이 시원해진 적이 있었다.

교수가 되어서도 한동안 내 삶은 금전적으로 풍요로울 새가 없었다. 유학 생활하면서 불어난 빚을 갚느라 정신이 없었고 숨통이 좀 트일 때쯤엔 모기지와 양육비를 감당하느라 내 월급은 늘 통장을 스쳐 지나기만 했다. 돈이 좀 모이려 하면 꼭 돈 쓸 일이 생긴다. 자동차 수리가 필요하거나, 집을 리모델링하거나, 아이의 악기를 사줘야 하거나, 병원비 청구서가 날아오거나 하는 등. 미국은 병원비가 어마무시하게 높아서 웬만큼 아프지 않으면 병원에 안 간다.

지금은 합법적으로 일을 해서 돈을 벌 수 있다는 사실이 너무 감사하다. 이전에는 일을 하고 싶어도 유학생 비자라는 그 신분 때문에 일을 하는데 제한이 있었다. 혼자 유학 생활을 했다면 상황이 달랐을 테지만 아이 둘을 데리고 공부해야 했기에 장학금만으로는 턱없이 부족한 미국 생활에 굶주려 보았다. 때문에 이렇게 떳떳하게 노동의 대가를 받을 수 있다는 것 자체가 감사하다.

누구에게는 13달러일 수밖에 없지만 나에게는 20달러일 수 있는 이유는 누구는 13달러가 없으면 살기 힘들지만, 나는 13달러 없어도 살 수 있기 때문이다. 청소해서 버는 땀 냄새 나는 돈을 건드리지 않고 고스란히 투자나 자동차 할부금을 낼 수 있는 선택권이 있었기에 천만 원이 만들어진 것이다. 주말에 호텔에서 청소해도 되고 굳이 안 해도 된다.

청소해서 버는 시급을 모아 메리어트에 투자해서 천만

원을 만들기로 선택했다. 어쩌면 토, 일 이틀을 일해서 훨씬 더 빨리 천만 원을 만들었을 수도 있었다. 하지만 토요일 하루만 청소하기로 한 것도 나의 선택이었다. 선택 할 수 있다고 말하는 게 배부른 소리로 들릴 수 있다.

"교수니까 일주일에 한 번 운동 삼아 청소할 수 있는 거지."

"풀타임으로 청소해서 먹고살아야 한다면 그런 선택이 가능하겠냐?"

만나면 늘 신세 한탄을 하는 하우스키퍼가 있다. 남편은 무직이고 본인이 청소해서 아이 둘을 키운다. 생활비가 빠듯해 절대 여유가 없다고 했다. 솔직히 내가 봤을 때 절대는 아니다. 나보다 비싼 바지를 사 입고, 네일숍에서 손톱 관리를 받고, 출근할 때 스타벅스에서 커피를 사 마신다. 그 친구에게 여러 선택이 있다고 알려주었다.

스타벅스 커피 마실 돈을 모으는 것부터 선택할 수 있다. 스타벅스 커피를 죽어도 양보할 수 없다면 마시는 횟수를 줄이거나 프라푸치노 대신 아메리카노를 마실 수도 있다. 네일 관리를 한 번만 양보하면 스타벅스 주식 1주를 살 수 있다. 딱 1주만 사도 주주가 되는 것이다. 메이커 바지를 한 벌만 양보하면 스타벅스 주식 4주를 살 수 있다. 물론 아끼고 모아서 주식을 사는 것만이 최고의 선택은 아니다.

하지만 여러 가지 선택 중에 신세 한탄은 분명 좋은 선택이 아니다. 신세를 한탄할 시간에 뭐라도 목표를 세워 실천하는 게 건강한 선택이지 않을까.

천만 원을 만들어보니 새로운 목표가 생겼다. "꿈도 크네. 천만 원 모았다고 무슨 조기 은퇴를 꿈꾸냐. 허상이다"라고 말하는 사람도 있을 테다.

작은 돈을 무시하면 안 된다. 이 작은 돈이 나에게 천만 원을 만들어주지 않았는가. 나는 종신교수가 된 지 얼마 지나지 않았다. 종신교수란 내가 마약을 하거나 학생과 성관계를 갖는 드라마틱한 일을 하지 않는다면 죽을 때까지 이 대학에서 교수로 있을 수 있다. 종신교수가 되기까지 너무나 힘들었는데 되자마자 은퇴를 꿈꾼다. 파이어족이라 하기엔 늦은 감이 없지 않다.

하지만 불가능할 거라고 포기하고 싶지는 않다. 힘들었던 유학생 과정, 졸업 후 종신교수가 되기까지 기나긴 과정에서 이미 지쳐버린 걸까. 백발이 되어서까지 강단에 서 있는 내 모습이 상상이 안 간다. 불가능하게 들리겠지만 은퇴라는 꿈만 꿔도 가슴이 설렌다. 목표가 생기니 목적지에 도달하기 위한 길을 다져나가는 쏠쏠한 재미도 있다. 이 글을 읽는 누군가도 나와 함께 건강한 선택을 하고 꿈을 꾸면 좋겠다.

8

교수의 바지, 청소부의 바지

바지는 사람을 차별하지 않는다

"교수가 '이런 거' 입고 출근하면 기분이 어때요?"

"나는 강의할 때도 이 바지를 입어요."

오늘 청소하러 갈 때 입었던 바지는 내가 강의할 때도 즐겨 입는 바지다. 교수라고 특별한 옷을 입는 게 아니다. 그 검정 바지는 그저 바지일 뿐이다.

왜 교수는 '이런 거'는 안 입을 거라고 생각했던 걸까? 무엇이 교수와 청소부가 입는 옷 따위 사이에 선을 그은 것일까? 우린 모두 그저 사람이기에 같은 물을 마시고, 같은 음식을 먹고, 같은 화장실에서 볼일을 본다.

같은 호텔에서 일해도 하우스키퍼 유니폼을 입으면 딱 청소부처럼 보인다. 내가 다니는 호텔에서는 수습 과정을 거친 후 지퍼와 주머니가 달린 회색 윗도리 유니폼과 명찰을 준다. 바지는 자유롭게 입되 검은색이면 된다. 처음 아르바이트를 시작했을 때 청소하기에 편한 바지 한 벌을 사 입고 싶었다. 그때 시급은 13달러였다. 아무리 저렴해도 내 시급보다 저렴한 바지는 동네 마트에서도 찾을 수 없었다. 청소 아르바이트를 하기 위해 검정색 바지를 사 입자니 그것도 우스운 일이란 생각이 들어 그냥 집에 있는 아무 검정 바지나 주워 입고 나가기 시작했다.

한국에서 소포가 도착했다. 시어머니께서 각종 먹거리와 바지를 보내주셨다. 브랜드가 없는 탄탄한 소재의 검정 고무줄 바지다. 편하게 입으라고 보내주셨지만 한국 옷들이 스타일도, 퀄리티도 워낙 훌륭하다 보니 편하게만 입기에는 너무 세련되었다. 그 바지에 블라우스와 재킷을 걸쳐 입으니 여느 정장바지보다 훌륭한 스타일이 연출됐다. 이 바지를 강의할 때, 청소할 때 겸해서 입게 되었다.

인종이 오줌 색을 결정하는 게 아니다

영화 〈히든 피겨스〉에서 NASA STG 부장 알 해리슨 역을 맡았던 케빈 코스트너의 대사가 생각이 난다.

"We all pee the same color."

백인이든 흑인이든 우리 모두의 소변 색은 같다는 말이다. 정말 과학자다운 시원한 발언이었다. 주인공 캐서린 존슨이라는 계산원이 화장실을 다녀오느라 업무시간에 장시간 자리를 비우게 되어 해리슨 부장이 화를 내자, 캐서린은 근무하는 건물에는 흑인 전용 화장실이 없었기 때문이라 설명한다. 이 사실을 알게 된 상사 알 해리슨이 화를 내며 '백인 전용', '흑인 전용' 화장실 팻말을 쇳도구로 부수어 떼어버리는 장면은 정말 통쾌했다.

내가 박사 학위를 취득하고 교수가 되기까지는 정말 피나는 노력이 있었다. 지금 이 자리까지 그냥 오게 된 것은 아니다. 그에 따른 사회적 지위를 얻을 자격은 있다. 하지만 내가 교수라서 하우스키퍼보다 나은 사람이라는 공식은 성립할 수 없다. 교수가 입는 바지나 청소부가 입는 바지나 다를 바가 없다. 우리가 싸는 소변의 색깔도 인종을 차별하지 않듯, 바지는 사람을 차별하지 않는다. 사람이 사람을 차별할 뿐이다.

9

마음을 짓누르는 사람의 무게

어딜가나 나를 힘들게 한다면

"제니퍼가 요즘 안 보이네?"

"몰랐구나. 제니퍼 지난주에 그만뒀어."

두어 달 전, 제니퍼의 수습 기간이던 날이 기억난다. 객실 정리하는 방법을 한 번 보여줬는데 침대 시트를 각지게 잘 정리했다.

"넌 일을 참 빨리 배우는구나."

"응, 예전에 모텔에서 일했거든."

"어쩐지, 눈썰미가 예사롭지 않다 했어. 근데 모텔은 왜 그만둔 거야?"

"그냥, 일이 힘들어서."

세상에 힘들지 않은 일은 없다. 모텔 일이 힘들어서 호텔로 왔다는 제니퍼는 호텔 일도 힘들어서 3개월을 못 버티고 그만두었다. 많이 힘들었나?

궁금해서 제니퍼에게 안부 전화를 걸었다. 왜 떠났는지, 조금 덜 힘든 일을 찾았는지, 시급이 훨씬 높은 곳으로 이동했는지 궁금했다. 솔직히 더 쉬운 일이면서 더 많이 벌 수 있는 일거리를 찾아 떠났기를 바랐다. 열흘 후면 시급도 인상되는데 그 열흘이 아쉽지 않을 정도로 획기적인 제안이 있기를 응원했다.

제니퍼는 다른 호텔로 이동했다. 그 호텔은 규모가 훨씬 작아서 청소하기가 덜 힘들 것이라 생각했다고 한다. 호텔 규모가 작다고 하우스키퍼의 일까지도 줄어드는 것은 아니다. 약간의 차이는 있겠지만 침대를 갈고, 화장실 청소를 하고, 비품을 채워 놓고, 청소기를 돌리는 등 호텔마다 객실을 청소하는 순서와 방식은 대부분 비슷하다. 뭔가 더 나은 일을 찾아 떠났겠지만 여기 있으나 그쪽으로 가나 하우스키퍼가 하는 일은 비슷하다.

"근데 사실은 슈퍼바이저가 맘에 안 들었어. 일을 명령

조로 시키는 게 기분 나빴어."

"거기 분위기는 좀 어때? 화기애애해?"

"뭐 다 그렇지. 호텔 일이 별다른 게 있겠어."

일이 힘들 때 저쪽으로 옮기면 지금보다 나은 새 삶이 펼쳐질 것 같은 희망을 갖는다. 그 희망은 현실이 될 수도 있지만 대부분의 경우 그것은 희망사항일 뿐이다. 제니퍼는 이미 답을 알고 있는 듯했다.

사람의 무게

호텔을 옮겨도 하우스키퍼로서 하는 일이 비슷하듯이, 다른 대학으로 옮겨가도 교수로서 하는 일은 별반 다르지 않을 것이다.

"다른 학교를 알아보는 건 어때?"

"옮긴다고 달라지나? 어디를 가나 나를 힘들게 할 사람은 있어."

당장이라도 내려놓고 싶은 무거운 짐이 있다. 출근을 하면 만나게 되는 사람들, 그들이 나를 짓누르는 무거운 짐이다. 하지만 지금 짊어지고 있는 이 무게를 다른 학교가 덜어주지는 않을 것이다. 어느 대학으로 옮기나 그 곳에도 나를 힘들게 하는 사람들은 있을 테니까.

교수 생활을 고달프게 하는 것은 강의도 연구도 아닌 바로 사람이다. 사람의 무게가 이렇게 힘든 것인 줄은 최근에 우울증 증상과 원인을 분석하기 시작하면서부터 깨닫게 된 것이다. 같은 대학, 비슷한 상황에서도 어떤 교수는 우울증에 목을 매고, 어떤 교수는 매우 잘 지낸다. 그럼 대학을 탓할 것인가, 우울증을 앓고 있는 교수를 탓할 것인가?

피눈물 나는 노력으로 교수가 되어 드디어 나만의 연구실에 앉을 수 있게 되었는데, 남 부러울 것 없이 모든 것을 갖은 것처럼 보이는데, 왜 우울증에 시달리는 걸까. 종신교수가 되고서야 나 또한 목을 매었던 그 교수님의 마음을 이해하게 되었다.

사람이기 때문이다. 목을 매는 이유도, 마음이 아픈 이유도 우리가 사람이기 때문이다. 사람과 사람이 모이면 자연스레 다양성이 존재하게 된다. 만인이 나와 같은 마음일 수 없다. 모두가 경쟁도 질투심도 없이 평화로울 수만은 없기 때문에 사람이 모이면 불편해지는 상황이 생기는 게 당연한 것이다. 어느 정도 불편한지, 얼마나 아픈지는 본인도 모를 때가 많다. 학위, 연구 실적 등과는 달리 척도화 할 수 없는 게 사람 마음 이니겠는가. 월, 화, 수, 목, 금. 주 5일간, 그리고 주말까지 정신을 짓누르게 하는 게 바로 사람의 무게라니. 그 무게는 보이지 않기에 정의하기가 어렵다. 재려고 해도 척도를 삼을 수 있는 정확한 기준이 없기에 누군가에게 수치화해서 알리기도 쉽지 않다.

"내 마음은 100kg만큼 무거워요."

"난 80kg만큼 우울하답니다."

사람의 무게를, 그 무게로 인한 마음의 병을 몸무게 재듯이 이렇게 말할 수 있으면 얼마나 좋을까. 마음이 얼마나 버거운지를 잴 수 있다면, 그 무게를 줄여주는 약이 있으면 얼마나 좋을까.

사필귀정

마음의 병을 갖고 사는 환자를 완치시켜 줄 수 있는 의사는 없다. 정신의학과 의사는 도움이 될 수는 있지만, 뼈를 붙이고 살을 실로 꿰매는 수술로 고칠 수 있는 병과는 다르기에 완치를 기대하는 건 무리이다. 그래서 우울증은 명쾌한 치료법이 없어서 더욱더 힘든 것이다.

교수는 이직률이 높은 직종 중의 하나이다. 이직이 쉽

기도 하고, 이직을 통해 연봉을 협상할 수도 있고, 더 성장하기 위해 옮기기도 한다. 떠날 때는 뒤돌아보지 않고 아쉬움 없이 떠난다. 그동안 아이들도 잘 적응하여 밝게 성장하고 있다. 우리는 이곳에서 터전을 마련했고 어느 정도 정착이란 것을 했다.

인간관계가 힘들다고 또 학교를 옮기는 것은 완전한 해결책은 아니다. 그것은 이곳에서 잠시 도피하는 것일 뿐, 그곳으로 가면 또 도피할 이유가 생길 것이다. 그곳 또한 무인도가 아니라 여러 사람이 모여 사는 곳이기 때문이다.

"그냥, 힘들어서."

제니퍼가 말하듯이 나도 "그냥 힘드니까" 지금 당장 어디론가 훌쩍 떠나버리고 싶은 마음이다. 떠나면 짓눌려 있던 무게가 스프링처럼 다시 살아날 것만 같다. 그러나 그것은 단지 희망사항일 것이다. 일시적인 도피를 하려다 해결의 기회를 상실할 수도 있다. 사람의 무게를 완전히 내려놓지 못하고 마음 한편에 계속 간직한 채로 살아갈 수도 있다는 말이다.

물건에도 제자리가 있듯이, 모든 일은 결국 옳은 이

치대로 돌아갈 것을 믿는다. 사람의 무게에도 제자리가 있을 것이다. 그래서 도피 대신에 먼저 현실을 마주하기로 했다.

현재 진행형이기는 하지만 나에게 사람의 무게라는 짐을 얹혀준 이곳에서 그 무게를 다시 내려놓고자 한다. 시간이 걸릴 것이다. 성공한다는 보장은 없다. 그러나, 올바른 방향으로 나아가고 무게를 내려놓는 이 과정을 통해 성장하고 회복할 것이라 확신한다.

10

늦게라도 와줘서 고마워

너그러운 마음 덕분에

"늦어서 죄송합니다."

"늦게라도 와줘서 고마워."

주말 출근 시간은 오전 9시다. 오늘도 여느 토요일처럼 5시에 일어나 논문을 쓰고, 내가 없는 동안 애들이 챙겨 먹을 점심거리를 준비해 두고 출근할 계획이었다. 집중하다 보면 시간 가는 줄 모르고 몰입할 때가 간혹 있다. 허리 좀 펴려고 스트레칭하다가 시계를 보니 9시가 되기 5분 전이었다. 호텔까지 밟으면 5분이면 가겠지만 애들 점심 도시락이 걸려서 슈퍼바이저에게 전화했다. 선의의 거짓말이 절실히 필요했고 잔머리는 팍팍 돌아갔다.

출근하려는데 갑자기 배가 아팠다. 아직도 화장실에서 설사하고 있다. 최대한 빨리 가겠다고 둘러댔다. 예전부터 나에게 붙은 별명 중 하나는 카레이서다. 오늘도 카레이서 못지않게, 법은 지켜가며, 호텔로 질주했다. 하우스키퍼의 일과가 시작되는 빨래방으로 허겁지겁 들어서며 늦어서 죄송하다고 연거푸 말하며 사과했다. 지각했을 때 학생들이 이런 심정이었겠구나. 민망하고, 죄송하고, 혹시라도 점수 깎이면 어쩌나 걱정했겠지.

슈퍼바이저 이름은 마리아이다. 지각했다고 쩔쩔매는 나에게 마리아는 "그래도 와줘서 고마워"라고 하는 게 아닌가. 그냥 상투적으로 하는 말이 아니었다. 마리아의 말투와 눈빛에서 진심이 느껴졌다. 드라마 〈응답하라 1988〉에서의 한 장면이 생각난다. 오토바이를 타다가 걸린 동룡이가 엄마한테 죽었다며 세상 끝난 것처럼 가슴 졸이고 있었다. 파출소로 달려온 엄마의 "다친 데 없니?"라는 한마디에 동룡이는 눈물을 터뜨리고 그간 막혔던 엄마에 대한 사랑을 원 없이 친구들에게 자랑한다.

지각한 게 미안하기도 했지만 그보다 나를 반겨준 마

리아의 너그러움과 여유로움 덕분에 평소보다 더 열심히 청소했다. 사실 하우스키퍼 한 명이 무단 결석하면 상당히 골치가 아프다. 예약 받은 객실을 체크인 시간 전에 준비해야 하는 몫을 슈퍼바이저가 감당해야 하니 여간 짜증나는 일이 아닐 수 없다. 마리아가 '그래도' 늦게라도 결근하지 않고 와줘서 고맙다고 하는 데는 그만한 이유가 있다. 하지만 다른 슈퍼바이저였으면, "다음부터는 늦지 않도록 해. 늦을 것 같으면 더 일찍 전화해. 늦었으니 빨리 가서 일 시작해"라고 따끔하게 혼냈을지도 모른다.

아름다운 상호작용

사실, 학기 초에 너무 바쁘다 보니 내 몸이 걸레 조각처럼 닳아 빠져 육신이 고달팠던 적이 있었다. 토요일 아침 온몸이 천근만근 도저히 일어날 수가 없었다. 슈퍼바이저 사무실로 전화했는데 마리아가 아닌 다른 슈퍼바이저가 대뜸 "이런 식으로 아침에 전화하면 안 돼요. 하루 전에는 전화해야지요. 이미 근무 편성표를 다 만들어놨는데 이제야 전화하면 어떡해요. 앞으로 못 올 것 같으면 하루 전에 전화해요"라고 했다. 그날 몸도 아팠지만 한바탕 혼나고 나니 정신까지도 아파버렸다.

"아침에 아플 것을 전날 어떻게 알고 병가를 쓰라는 거지?"

대학생들을 가르치다 보면 더러 지각하는 학생들이 있다. 교수가 된 첫해에는 이런 학생들을 이해할 수가 없었다. 한심해 보이기도 했고 반복적으로 지각하는 학생은 연구실로 불러서 혼내주기도 했다. 혹시나 내가 동양인 교수라 무시하나 싶어서 더 강하고 깐깐하게 방어 자세를 취했나 보다.

청소 일을 하며 마리아에게서 배웠다. 이미 지각한 학생을 혼내 봤자 지난 시간을 돌이킬 수도 없는 것이다. 지각할 수밖에 없었던 무언가의 사연이 있겠지.

"수업 아직 안 끝났어, 이제라도 왔으니 반갑다."

"사고 있었던 건 아니지?"

"네가 늦게라도 오니까 수업 분위기가 더 화사하다."

이런 따뜻한 말 한마디가 얼마나 강력한지, 학생들의 태도가 변하는 게 확실히 느껴졌다. 내가 즐겁고 감사한 마음으로 청소를 더 열심히 하게 되었듯이, 학생들도 설레는 마음으로 수업에 임한다. 수업에 못 올 뻔한 상황이었을 텐데 늦게라도 왔으니 반갑고, 과제를 하기 싫었을 텐데 늦게라도 해서 냈으니 최선을 다한 거고, 포기한 것보다 늦게라도 시도했으니 기특하고 용감한 거다. 이런 마음이 전달되었을 때, 학생들이 강의평가에 레이나는 학생을 진심으로 아낀다고 써주었다.

교수가 청소 아르바이트를 하며 배우는 점이 참 많다. 박사 학위가 배움의 종점은 아니었구나. 슈퍼바이저와 하우스키퍼와의 관계와 마찬가지로 교수와 학생 간의 관계 또한 상호작용이다. 때론 나 또한 회의가 길어져 간신히 강의 시간에 맞춰 헐레벌떡 강의실로 들어설 때가 있다.

"오늘도 교수님 수업 기다렸어요."

이렇게 인사해 주는 학생들을 위해 난 더 열심히 강의 준비를 하게 된다. 지각하는 학생을 따뜻하게 반겨줄 수 있는 교수, 허겁지겁 달려 들어오는 교수를 반갑게 맞이하는 학생들. 이런 아름다운 상호작용을 호텔 청소를 하면서 배우고 있다.

11

진상 손님의 입을 막아버렸다

진상을 대처하는 방법

"당장, 매니저를 불러줘요."

손님이 씩씩거리며 프런트에서 매니저를 찾았다. 핫 텁(hot tub)이 지저분해서 기분이 나쁘다고 했다. 구체적으로는 제트스파의 공기가 나오는 구멍이 깨끗하지 않다는 것이다. 하우스키퍼가 그 구멍 안쪽까지 청소하지는 않는다. 그럴 필요가 없기 때문이다. 보통은 일반 욕조와 같은 방법으로 화학 물질로 표면을 닦아낸다. 딥클리닝이 필요할 때는 뜨거운 물에 화학 성분의 액상 세제를 풀고 불렸다가 물을 빼고 닦아낸다. 그 화학 성분이 얼마나 강한지 박

박 문지르며 힘들게 닦지 않아도 웬만하면 새 욕조처럼 반뜩반뜩해진다.

구멍이 더러울 리가 없다. 하우스키퍼가 객실 청소를 마치면 객실 예약을 받기 전에 반드시 슈바이저의 확인 작업을 거친다. 구멍 안이 찝찝해서 스파를 못 한다는 불평은 누가 들어도 의도적으로 컴플레인을 하는 억지이다. 매니저는 태연하게 '묻지 마 사과'를 했다.

"불편하셨다니 죄송합니다. 저 같아도 구역질 나서 목욕하기 싫었을 거예요."

브리아나의 사과는 남달랐다. 누구나가 똑같이 말하는 "죄송합니다"라는 상투적인 멘트에서 그치지 않았다. "저 같아도"라며 공감을 표현했다. 손님을 대하는 매니저 입에서 나오기엔 살짝 격이 떨어질 법한 "구역질(disgusting)"이라는 표현까지 써가며 손님의 화를 달랬다. 구역질이라는 단어는 어쩌면 그 손님이 말하고 싶었던 단어였을 것이다. 브리아나는 손님의 마음을 빨리 파악하고 그 격이 떨어지는 단어를 자신의 입으로 대신 말해줌으로 손님의 입에서 더 이상 컴플레인이 나오지 않게 한 것이다.

그리고 즉시 파격적인 호의를 베풀었다. 숙박비 50%

를 환불해 주고 조식권 두 장을 주었다. 매니저의 재량이란 이렇게 강력한 것이었다. 몇 분 전까지만 해도 씩씩거리며 로비를 뒤집을 것만 같던 손님이 순식간에 순한 양으로 돌변했다. 되려 매니저에게 진심으로 고맙다고 하였다. 스파는 찜찜하지만 다른 건 완벽하다며 최고의 호텔이라고 극찬까지 하며 객실로 돌아갔다. 손님이 사라지고 브리아나에게 물어봤다.

"브리아나, 누가 봐도 억지인데 그렇게까지 쉽게 혜택을 줘야만 했어?"

"그 미친년 입을 틀어막고 싶었어."

욕을 찰지게 하는 브리아나가 갑자기 멋져 보였다. 보통 욕을 하면 사람이 저속해 보이기 마련인데 이런 상황에서 브리아나의 욕은 마치 숙취를 풀기 위해 해장국을 먹은 듯 시원하게 속풀이를 해주었다.

"와, 브리아나! 너 정말 멋져!"

"나도 알아. 저런 미친년이 한두 번이 아니거든. 나도 처음엔 진땀 빼고 울고 그랬어. 이제 딱 보면 어떻게 다뤄야 하는지쯤은 알아."

당황해하지 않고 그런 손님을 여유롭게 대하는 재치

가 역시 매니저는 아무나 하는 게 아니라는 생각을 하게 했다. 그래도 조식권에 숙박비 반값 할인이라니 너무 파격적이진 않았나 싶었다. 하지만 브리아나의 생각은 달랐다.

"이 정도는 큰 손해가 아니야. 형편없는 후기를 달게 되면 그 타격이 더 크게 돌아오지. 그 사람의 입을 막은 건 투자라고 해두자."

브리아나의 생각은 적중했다.

리더십은 저절로 생기는 것이 아니다

비스트로에서 일하는 날이라 새벽에 출근했다. 오픈도 하지 않았는데 어제 그 손님이 조식권을 들고 로비에서 서성이고 있었다. 커피를 내리러 주방 안으로 들어가니, 셰프가 바깥 상황을 물어왔다.

"어제 스파 얘기 들었지? 오늘 첫 주문은 그년(bitch)일 거야. 조심해."

하필 브리아나가 출근하지 않는 주말인데 혹시라도 그 여자가 또 시비라도 걸까 봐 우리 모두는 각별히 긴장하고 있었다.

의외로 그녀는 주문할 때 매우 부드럽고 상냥했으며,

심지어 팁도 후했다. 여유 있게 조식을 즐기는 모습 또한 여느 손님과 다르지 않았다. 어제 로비로 달려오던 성난 얼굴이란 전혀 찾아볼 수가 없었다. 아마도 비스트로에 있는 사람들은 본인을 모를 것이라 생각했을 것이다. 이런 양면의 얼굴을 직접 대해보니 확실히 미국은 뼛속까지 자본주의라는 말이 확 와닿았다. 진상 손님도 할인과 무료 조식으로 이렇게 다스릴 수 있다니 말이다.

진상 손님의 입도 틀어막을 수 있는 호텔 매니저에게는 대학교수가 갖지 못하는 게 있다. 자본주의에서 한방에 통하는 바로 돈, 돈으로 해결할 수 있는 매니저의 재량이다. 교수인 내가 학생들 앞에서 을이 되는 기분이 들 때가 있다. 학생들이 컴플레인할 때 그렇다. 특히 1점 차이로 목숨 걸고 위협적으로 들이대거나, 울면서 떼를 쓰는 학생들은 공포의 대상이다. 겉으로 티는 안 내지만 그런 학생이 강의평가에 안 좋게 쓸까 봐 걱정이 된다.

"교수가 왜 그래? 남의 말에 신경 쓰지 마"라고 쉽게 말할 수도 있다. 하지만 학생들 머릿수가 돈인 대학에서 요즘 교수의 권위가 엘리베이터 타고 급속으로 내려가고 있다.

학생 수가 줄어서 전공이 통째로 사라지거나, 최악의 경우에는 대학이 아예 문을 닫는 지금과 같은 상황에서는 더욱 그렇다. 한 번에 72명의 교직원이 떠나야만 했던 작년은 캠퍼스를 통째로 북극에 옮겨 놓은 것처럼 분위기가 냉혹했고 하루하루가 살얼음판을 걷는 기분이었다.

안타깝지만 학생들은 대학에 돈을 내는 고객이고, 나는 그들이 낸 학비로 월급을 받으며 교육 서비스를 제공하는 교수이다.

"에잇, 나도 브리아나처럼 학생이 컴플레인하면 그냥 확 A를 줘버리고 입을 막아버릴 수 있으면 좋겠다."

브리아나는 손님이랑 실랑이를 벌이기도 전에 화끈하게 손님의 화를 다스렸다. 브리아나는 손님이 사라진 후 하우스키퍼인 나를 보며 말했다.

"절대 네 잘못이 아니야. 하우스키퍼가 얼마나 열심히 하는지 나는 다 알아. 신경 쓰지 말고 지금처럼만 해."

브리아나는 핫 팁 구멍이 정말 그렇게 컴플레인을 할 정도로 지저분했는지 확인조차도 하지 않았다. 우선은 그럴 리가 없기 때문이고, 객실 청소를 했던 하우스키퍼와 검사를 했던 슈퍼바이저를 믿는다는 걸 확실히 보여주었다.

이런 감동이 들어간 리더십과 쇼맨십은 그냥 생기는 게 아니다. 브리아나가 고백했듯이 매니저를 처음 맡은 해에는 많이도 울었을 것이다. 얼마나 많은 화를 누르고 억울한 눈물을 흘렸을까. 지금의 브리아나를 보면 그 시련과 눈물은 결코 헛되지 않았다.

브리아나가 매니저라는 타이틀을 그냥 얻은 게 아니듯, 무슨 일이던 처음부터 그냥 잘하는 사람은 없을 것이다. 지금 무엇인가 잘 안돼서 힘들다면, 그래서 포기하고 싶다면, 혹시 내가 그냥 잘되기를 바라지는 않았는지 생각해 봐야 한다. 그냥 이루어지지는 않는다. 그냥이란 없기 때문이다.

12

이름을 불러주세요

청소부의 꿈

한국에서 부모님이 여름방학을 맞이한 조카를 데리고 미네소타를 방문하셨다. 워낙 심심한 동네인지라 어딘가로 모시고 관광이라도 다녀오고 싶었지만 그건 내 욕심일 뿐이었다. 부모님은 14시간 동안 비행기를 타고 이 먼 곳까지 오셨는데, 그저 우리와 함께 시간을 보내는 것 자체에 의미를 두셨다. 어느 관광지에 가서 무엇을 먹고 무엇을 보았는지에는 전혀 관심이 없었다. 대신 집 안 구석구석 무엇이라도 손 봐줄 것이 없나, 잠시 머무는 동안 딸의 삶에 조금이라도 도움이 되려고 애를 쓰셨다. 잡초를 뽑고 잔디를 깎고, 삽질을 해가며 꽃을 심고, 차고 정리를 해주시며 벅찬 한숨을 한 번씩 내쉬었다.

"이 많은 일들을 어떻게 혼자 하고 사는 게냐. 혼자 이러고 살지 말고 차라리 사람을 써라."

"아빠도 참, 손발 있으면 다 할 수 있는 건데 인건비가 얼마라고 사람을 써요."

부모님이야 그렇다고 치더라도 미국 온다고 잔뜩 기대한 조카는 수영이라도 시켜줘야 할 것 같았다. 내가 일하는 호텔에 부모님과 아이들이 머물 수 있는 방을 따로 예약했다. 실컷 수영하고, 컵라면을 먹고, 저녁에는 야외 정원에서 치킨과 맥주를 나누며 밀렸던 수다를 떨고, 다음날 조식을 하는 1박 2일간의 즐거운 상상을 하면서 말이다. 가끔 청소하면서 그런 가족을 보면 나도 그렇게 해보고 싶었다.

주립대 교수는 호텔에 머물 때 공무원 할인을 받을 수 있다. 많은 교수가 이 사실을 알지 못한다. 이 귀한 정보는 미네소타로 이직하고 신입교원 오리엔테이션을 통해 알게 되었다. 호텔에서 아르바이트를 하기 전까지는 이 공무원 할인도 꽤 쏠쏠하게 써먹었다. 그런데 공무원 할인보다 더 매력적인 게 직원 할인이다. 직원에게 주는 할인 혜택은 미국에서 할인율이 가장 높다는 군인 할인보다도 훨씬 더 저렴하다. 아빠는 단 1박 2일이지만 딸이 돈을 써가며 일을 벌이는 걸 못마땅해하셨다.

"아빠, 나 여기 직원이잖아. 직원 할인이 공무원 할인보다 훨씬 더 나은 거 알아? 모텔보다도 더 저렴하게 예약했어. 걱정하지마. 이럴 땐 교수보다 청소부 복지가 훨씬 낫다니까."

부모님은 어디를 가나 딸이 미국에서 교수라며 어깨를 펴고 다니신다. 그런 부모님이 아무 말 없이 나를 빤히 쳐다보셨다. 두 분의 눈빛이 매우 똑같았다. 교수가 공무원 할인 받을 때 보다 하우스키퍼로 직원 할인을 받는 사실에 더 자부심을 갖고 재잘거리는 딸을 보며 어떻게 라도 긍정적으로 해석해 보려는 억지스러운 표정이 역력했다.

브리아나, 나의 매니저

프런트에서 체크인할 동안 부모님과 아이들을 로비에 대기시켰다. 한국에서 부모님이 오셨다 하니 매니저 브리아나가 로비 소파에 앉아 있는 부모님에게 다가가 정중하게 인사했다. 부모님은 분명히 문화센터나 동사무소 영어회화 반에서 배운 영어 실력일 텐데 더듬더듬 무언가 열심히 설명하는 듯 보였다. 무슨 대화가 오가는지 손뼉을 쳐가며 깔깔 웃으며 대화를 나누는 모습이 신기했다. 체크인을 마치고 로비로 걸어갔다.

"레이나, 부모님과 좋은 시간 보내."

브리아나는 그렇게 마무리 인사를 하고는 급히 다른 곳으로 발걸음을 옮겼다. 다음날 조식을 주문해 놓고 테이블에서 커피를 마시며 음식을 기다리고 있는데 브리아나가 다가와 인사를 했다.

"해나, 어제 수영장에서 재밌게 놀았니?"

"유빈이는 아침 식사로 뭐 주문했니?"

"그리고 소피아와 아버님은 잘 쉬었나요?"

"레이나, 필요한 거나 불편한 것은 없었고?"

매니저는 놀랍게도 우리 가족의 이름을 다 기억하고 불러주는 게 아닌가. 엄마는 매니저에게 소피아라는 영어 이름을 알려준 모양이다. 청소부 부모님에게 다가가 친절하게 인사하고 대화를 나누던 모습이 꽤 인상적이었는데 한 명 한 명 이름을 기억하고 불러주는 모습에 더욱 감동했다.

작은 관심의 힘

문득 한 학생이 생각이 났다. 수업을 마치고 강의 자료를 정리하고 있는데 온몸에 수줍음이 가득한 학생이 조심스레 다가왔다.

"교수님, 저를 기억해 주셔서 감사합니다. 당신은 수업 시간에 제 이름을 불러준 첫 번째 교수님이에요."

사실 브리아나에게서 배운 것이다. 브리아나는 일주일에 한 번 출근하는 청소부의 이름도, 보이지 않게 무대 뒤에서 묵묵히 일하는 사람들의 이름까지도 정확히 기억하고 불러주었다. 미국의 32대 대통령 루스벨트 또한, 당시 백악관에 드나드는 잠깐 만난 기계공이나, 청소하는 분들의 이름까지도 기억하고 친근하게 불러줬다고 한다.

어느 날 브리아나가 출근하는 나를 반겼다.

"안녕, 레이나! 오늘 아침 어때?"

이 호텔에서 일한 이래 네 명의 매니저와 일해보았다. 브리아나처럼 하우스키퍼의 이름을 기억해 가며 이렇게 반갑게 반겨주는 매니저는 없었다. 이름을 외워서 불러줄 수 있다는 건 그만큼 상대방에게 관심이 있다는 신호이다. 양손에 장갑을 끼고 걸레를 든 하우스키퍼에 대한 매니저의 작은 관심은 걸레질을 더 열심히 하게 만든다. 청소기를 돌리는 내가 이 호텔에서 일하는 것에 대해 자부심을 갖게 만든다.

눈이 마주칠 때마다 매우 다정하게 이름을 부르며 반기는 브리아나를 보며 나도 학생의 이름을 외우고 불러주는 교수가 되어보고자 노력하기 시작했다. 특히 자신감이 없거나 소극적인 학생들이 수업에 적극적으로 참여할 수 있도록 돕고 싶었다. 발표하기 어려워하고 수업 참여를 불편해하는 수줍은 학생의 이름을 불러주며 칭찬하는 것은 그 학생의 대학 생활을 바꾸어놓았다.

이름을 불러주세요

대형 강의실에 앉아 있는 수십, 수백 명의 학생 이름을 어찌 외우겠는가. 학생을 지목할 때 "You"라 하는 교수가 있는가 하면 "What's your name?" 하며 이름을 먼저 묻는 매너 있는 교수들도 있다. 『정의란 무엇인가?』라는 책으로 많이 알려진 하버드의 마이클 샌델 교수도 대형 강의실에 앉아 있는 학생이 손을 들면 이름을 먼저 묻는다.

유학생일 때 국제학회에서 한국인들이 여럿 모인 적이 있었다. 한국에서 온 한 교수가 나를 여러 차례 "너"라고 불렀다. "너는…", "너가…", "너네 지도교수는…" 한국 문화인가 싶어 이해하려 했으나 아무리 생각해도 훌륭한 매너는 아님이 분명하다. 상대방을 대하는 매너, 특히 호칭에는 그 사람의 인격이 드러난다.

이제는 수업 시간 외에도, 복도에서, 혹은 캠퍼스 밖에서 학생들을 만나면 꼭 이름을 불러주려고 노력한다. 학생의 이름을 외우고 불러주는 건, 교수와 학생 사이의 신뢰감을 쌓고 긍정적인 관계를 형성하는 가장 기본적인 디딤돌이다. 인정하고 싶지는 않지만 백인 학생들과 나 같은 유색인종 교수들 사이에는 뭔가 불편한 마음의 벽이 있다. 미국에서 태어난 교수라고 할지라도 피부색이 어두울수록 보이지 않는 장벽이 높다. 이름을 외워서 친근하게 불러줄 때 이 불편한 벽이 급속도로 녹아내리는 것을 실감했다.

학생들이 교수를 대하는 태도 또한 더 정중하고, 대화하거나, 질문 하거나, 숙제를 제출할 때 조금 더 진심으로 임하는 걸 느낀다. **내 이름을 기억하는 매니저와 일을 할 때는 더욱 책임감이 생기고 일에 대한 의욕이 생기듯, 이름**

을 기억해 주는 교수와 공부를 할 때는 그 심리적 거리감
에 있어 확연히 다를 수밖에 없다.

13

그 자리에 있어봐서 이해해

내가 만약 너의 신발을 신고 있었다면

청소기를 돌리느라 시끄러워서 인기척을 듣지 못했다. 청소기를 끄고 문밖에 서 있던 손님을 향해 고개를 돌렸다. 눈이 마주치자 손님이 물었다.

"잠깐 들어가도 돼요?"

고개를 끄덕이니 방 안으로 들어와 내 손에 20달러를 쥐여주었다.

"찾으러 다녔어요. 수건 갖다줘서 고마워요."

추가로 수건을 한 장 달라고 해서 건네주었을 뿐인데 팁으로 20달러나 주다니 후하다는 생각이 들었다.

"정말 관대하세요. 감사합니다."

"하우스키핑이 정말 힘든 일인 거 나도 알아요."

눈빛에서부터 손짓까지 단정하고 말투는 똑 부러졌다. 호기심이 발동하여 조심스레 물었다.

"혹시, 여쭤봐도 된다면 선생님이셨어요?"

"아니요, 나는 승무원을 오래 하다가 은퇴했어요. 승무원이 되기 전에 하우스키퍼를 했답니다. 서비스직은 정말 힘든 일이라서 팁 받을 자격 있어요."

잠시였지만 진솔한 대화에서 서비스업에 대한 노동의 가치를 높이 평하는 손님의 직업의식에 푹 반해버렸다. 손님과의 대화는 내 손에 쥐어진 20달러의 현금보다 더 값진 수업이었다.

영어에 "If I were in your shoes"라는 표현이 있다. "내가 만약 너의 신발을 신고 있었다면"이라는 뜻에서 짐작할 수 있듯이 나를 상대방의 입장에서 생각해 본다는 의미다. 상대방의 신발을 직접 신어보면 어느 부분이 불편하고 편한지를 이해할 수 있다.

젊었을 때 하우스키핑을 해본 손님은 유니폼을 입고 수

건을 갖다주고 청소기를 돌리고 있던 나의 입장을 백 번 이해하고 있었다. 젊을 때 그 자리에 있어보았기 때문이기도 하고 그때 그 경험을 잊지 않고 내 입장에서 생각할 수 있는 공감능력이 뛰어나기 때문이기도 하다.

시집살이에 시달린 시어머니들이 자신의 며느리에게 시집살이를 대물림하는 경향이 있고, 선임들로부터 부당함을 많이 당했던 이등병은 후에 선임병이 되어서 후임병에게 똑같이 대하는 패턴을 어렵지 않게 볼 수 있다. 이러한 악습을 청산하기 위해서는 상대방의 신발을 신어보는 훈련이 필요하다. 공감능력을 키우는 것은 훈련을 통해 개선이 가능하다. 공감능력은 태어날 때부터 갖고 태어나는 것이라기보다 우리가 사회적 동물로 살아가는 환경 속에서 습득하는 일종의 기술이나 마찬가지이다.

공감 훈련을 시작했다

교수가 된 이후, 내 살길이 바쁘다 보니 학생들을 진심으로 이해하려는 공감능력을 키우지 못했다. 강의 시간에 지각하는 학생, 습관처럼 과제를 늦게 제출하는 학생, 수업 시간에 뭔가 늘 불안해 보이는 학생, 조별 과제를 못하는 학생, 이메일 한통 없이 휴학하고 사라져 버리는 학생. 이런 학생들이 배움의 기회를 포기하지 않게 교수로서 마땅히 지도하기는 하나 솔직히 공감 수준까지는 가지 못했다. 조금 더 솔직하자면 그런 학생들이 한심하고 그들에게는 밝은 미래가 없을 것이라는 착각을 더 많이 해왔다.

겉으로 보이는 학생들의 행동만으로는 도저히 이해가 안 되는 행동도 사실 저마다의 사연이 있기 마련이다. 단순히 게을러서 지각하는 것이라면 정신 차리고 시간 관리에 더 신경을 써야 하겠지만, 알고 보니 아르바이트를 두세 개 하며 학비를 벌어야 하는 학생도 있다. 지각하지 않으려고 기를 쓰고 간신히 강의실에 뛰어 들어오는 열심히 사는 학생을 한심하게만 생각했던 나 같은 교수가 더 한심한 것이다.

우울증이 심각한데 상담을 받거나 치료를 받을 수 있는 상황이 안 되는 학생, 부모님의 이혼, 데이트 폭력, 재정적 어려움 등의 이유로 늘 불안하고 버거워하는 학생들의 심리를 헤아려주지 못한 채 가르치려고만 했으니 부끄러운 선생이 아닐 수가 없다.

오늘 받은 20달러는 공감능력이 퇴화되어 가는 내가 다시 학생의 입장에서 생각해 보게 하는 계기가 되었다. 은퇴한 승무원 손님이 젊은 시절 하우스키퍼를 했던 때를 잊지 않은 것처럼, 나 또한 정신적으로 힘들었던 학생일 때를 잊지 말아야겠다고 반성했다.

나는 임신과 출산을 반복하여 겪는 과정에서 교수님들의 한없이 너그러운 배려로 박사과정을 무사히 마칠 수 있었다. 그러한 배려와 응원이 없었다면 나는 공부를 포기했을 것이다. 교수가 되기 전에 학생일 때가 있었다는 것을 상기시키기도 했다. 나도 바로 그 자리에 있었기에, 이해하고 너그러이 상대방을 공감해 줄 수 있는 훈련을 시작했다.

3장

가만히 있으면
아무 일도 일어나지 않는다

현모양처가 꿈이었습니다

진로가 무엇이냐면

책가방 대신 어깨에 예쁜 핸드백을 걸치고 가슴에는 책 한 권을 감싸안고 생에 처음 대학 캠퍼스를 밟은 날이었다. 입학하고 첫날부터 전공수업을 듣게 되었는데 교수님께서 간단한 설문을 하셨다. 열심히 써내려 가다가 졸업 후 희망하는 진로를 적으라는 마지막 질문에 펜이 멈추었다.

풋풋한 새내기 대학생들의 반짝이는 눈빛과도 어울리게 포부에 가득 찬 동기들은 무언가를 자신 있게 적고 있었다. 아나운서, 기자, 앵커, PD, 작가, 감독 등. 나는 한 번도 생각해 보지 못한 직업들이었다. 취업이란 나와 상관이 없는 그저 먼 세상 얘기만 같았다.

　백지로 내버리자니 예의가 아닌 것 같았다. 그냥 '결혼'
이라고 써야 하나 잠시 고민했다. 그것이 가장 솔직한 졸업
후 진로 계획이었다. 마지막 질문을 반복해 읽어가며 한참
동안 펜을 굴리다가 '현모양처'라고 썼다. 진심이었다. 졸업
과 동시에 결혼하고 싶었다. 가정에만 헌신하는 수동적인
어머니나 아내이기보다는 신사임당과 같이 진취적이면서
도 주체적인 여성이 되고 싶었다. 하지만 취업하고 사회생
활을 하는 상상은 해보지 못했다. 대신 정말 멋진 엄마이자
친정 부모님도 잘 챙기는 딸, 시부모님에게도 사랑받는 며
느리, 남편에게는 존중받는 아내가 되고 싶었다.

X세대 현모양처

　세상의 급격한 변화를 직시했다. 현모양처 상에도 변
화가 왔다. 뛰어난 영어 실력은 기본이요, 자산관리 및 재
테크를 위한 경제적 감각, 그리고 직업까지. 이 세 가지의
요건은 취업보다 더 어려운 관문이었다. 나는 IMF 외환위
기의 불똥을 맞은 X세대인지라 대학 입학과 동시에 취업난
을 걱정해야 했다. 다들 극복하고자 안간힘을 써가며 열심

히 살았다. 취업 준비에 들어가 정신이 없는 새내기들 사이에서 나는 참 특이한 학생으로 꼽혔다. 동기들이 토익 학원을 다닐 때 나는 영어회화 어학원을 열심히 다녔다. 그 친구들은 취업할 때 유리한 이런저런 자격증을 따 놓느라 바쁠 때 나는 요리학원에 다녔다. 복수전공과목들을 등록하느라 피 터지는 수강 신청 기간에도 아동발달학, 가정경영학, 골프, 볼링 등 관심 가는 과목들을 문화센터 마냥 재미나게 골라 담았다.

선배가 주선해 줘서 미팅이란 걸 하게 되었다. 상대방은 키는 작은 편이고 왜소한 몸매는 단단한 근육으로 포장되어 있었다. 여드름인지 땀띠인지 피부는 지저분하고 햇볕에 그을린 얼굴은 고생한 티가 팍팍 나는 인상이었다.

"여자 친구를 재미로 만나서 데이트를 즐기며 낭비할 시간도 돈도 없어요. 기왕이면 결혼까지 할 수 있는 분과 진지하게 만나고 싶어요."

눈빛은 총명했고 진지한 말투에 신뢰가 갔다. 이것이 나에게는 매력으로 다가왔다. 어쩌면 나의 꿈을 함께 이룰 수 있는 사람 같았다. 남편과 나는 대학교 2학년 가을에 만났다. 손도 잡기 쑥스러워하던 대학생 두 명이 은행에 들어섰다. 주택청약종합저축 상품을 상담해 주었던 은행원이 우리를 매우 기특해하셨다.

"헤어지게 되면 정확히 반반 나누는 거다."

이제는 결혼했으니 나눠 가질 필요는 없어졌다. 이렇게 시작한 저축이 후에 우리가 굶어가며 유학 생활을 마치고 미국에 첫 주택을 마련하는 종잣돈이 되었다.

수면 아래 오리발

진작부터 취미생활이나 하면서 브런치를 즐기는 안락한 모습의 결혼생활을 꿈꾼 것은 아니었다. 그랬으면 물려받을 부모의 재산이 많은 사람을 골라 만나지 않았을까. 현모양처라는 같은 꿈을 꾸면서 요리학원, 제빵학원, 어학원에 함께 다니던 친구가 있었다.

"옥아, 넌 뭐든 쉽게 갖는 것 같아. 학원도 안 다녔는데 나보다 좋은 대학도 가고, 결혼도 일찍 하더니 남편 잘 만나 유학까지 가는구나. 네 옆에 있으면 내가 작아지는 것 같아. 나중에 내가 성공하면 연락할게. 그때까지 보지 말자."

출국을 앞두고 고등학교 동창들이 함께했던 송별회를 마지막으로 우리는 이렇게 헤어졌다.

뭐든 쉽게 이룬 것은 없다. 겉으로 보이는 내 삶이 한가하니 둥둥 떠다니는 오리의 모습 마냥 평화로워 보였나보다. 수면 밑에서 보이지 않게 열심히 움직이는 오리의 발은 미처 생각하지 못한 것이다. 우리 부부가 결혼을 하기까지도, 유학길에 오르기까지, 유학을 하는 모든 일상에는 주변사람들이 모르는 수면 아래서 반복되는 매우 힘든 발차기의 과정이 있었다.

발차기 과정

대학 시절 많은 연인들이 하는 것들을 따라 해봤더니 데이트 코스에 한계가 왔다. 우리에게는 식상한 데이트를 따라 해보느라 비용도 만만치 않게 들었다. 우리에게는 함께하는 시간이 의미 있는 것이었다. 그래서 남자 친구의 생일 선물로 기가 막힌 서프라이즈를 준비했다. 영어 학원을 등록해 줬다. 졸지에 남편은 나에게 끌려 영어 학원에 다니게 되었다.

평강공주까지는 아니더라도 결혼을 하고서는 유학을 위해 토플과 GRE 점수를 올리는 내조에 전념을 다했다. 우리는 꽤 괜찮은 대학원에 원서를 내고 여러 대학에서 합격 통지서를 받았다. 굳이 세상의 잣대로 재어보자면 비록 호화롭지는 않았지만, 나름 지금의 삶에 만족하며 살고 있다. 내가 그리던 현모양처라는 꿈을 이룬 삶은 누구보다도 안정적이라고 믿고 있었다. 이러한 발차기 과정이 7년간 지속되었다. 어느날 익숙함에 길들여져 있던 내 삶을 남편이 흔들기 시작했다.

"자기가 영어를 이렇게 잘하는 줄은 몰랐어."

남편에게 나의 영어실력을 감춰온 것은 아니었다. 미국에 오니 자연스레 드러났을 뿐이다. 남편은 나를 현모양처로부터 졸업시키기로 작정했다.

"이렇게 좋은 기회에 공부를 할 수 있는데 안 할 이유가 없잖아?"

남편은 직업 군인이다. 순직을 하거나 치명적인 부상을 당했을 때 국가가 부양가족까지 평생을 책임질 수는 없다는 현실적인 사안을 들고 나를 설득시켰다. 본인이 어떻게 되더라도 경제적으로 자립해야 한다는 것이었다.

한없이 의지하고 살 수 있을 것 같았던 든든한 벽이 한순간에 허물어 내려앉는 것 같았다. 두려웠다. 세상에 나가 경제활동을 해야 한다는 게 두려웠다. 가시밭 위를 지나야만 하는 나 자신의 모습이 그려졌다. 왠지 따뜻한 온실에서 내쳐지는 기분이 들기도 했다.

한편으로는 남편에게 고맙기도 했다. 그때는 미처 표현하지 못했지만 내가 무언가를 할 수 있는 사람이라고 인정해 주는 남편의 믿음에 가슴이 벅차기까지 했다. 내 평생 나에게 이렇게 큰 기대를 건 사람은 남편이 처음이었다.

단 한 사람의 믿음이 주는 힘

현모양처라는 틀에서 나와 미국 대학교수가 되는 길을 처음 열어준 사람은 남편이었음을 인정한다. 표현 하자면 쇠사슬로 칭칭 감겨 있는 궤짝을 풀어헤쳐 그 안에 들어 있던 돌덩이 속의 다이아몬드를 알아보았다고나 할까. 그 돌덩이가 나였다. 그때 쇠사슬을 풀지 못했다면 나는 지금 어떤 모습일까.

솔직히는 그냥 돌덩이로 안주하고 싶은 마음도 있었다. 그런 돌덩어리가 가다듬어져 빛이 나기까지는 숨겨진 가치를 알아봐 준 단 한 사람의 믿음이 필요했던 것이다.

이 깨달음은 교육학 박사 엄마가 된 지금도 자녀 교육에 있어 가장 중요한 핵심이라 생각한다. 내 딸이 무엇을 하든지 잘하고 못하고를 떠나서 무조건 믿어주는 것이다. 지금은 아이들이 성장기라 무엇을 해도 어설프기만 한 못난이 돌덩이 같아 보이지만 내재된 다이아몬드를 믿는다. 교수가 되고 나서 생각해 보니 내가 꿈에 그리던 현모양처의 모습은 직업의 유무와 관계가 없는 것이었다.

어렸을 때는 단지 세상 밖으로 나와서 경제활동에 뛰어드는 게 두려웠을 뿐이었다. 두려움을 떨치고 막상 세상 밖으로 나와보니 그 꿈은 외길이 아니었다. 왜 1차선 도로만 생각했을까. 지금 교수가 된 엄마인 나는 2차선 도로를 달리고 있다. 차선을 수시로 바꿔가며 달리는 게 때로는 버겁게 느껴지기도 하지만 교수엄마라는 2차선은 현모양처라는 1차선 보다 역동적이고 재미있다.

현명하고 지혜로운 엄마, 자기관리 잘하는 야무진 살림꾼, 사랑받는 며느리, 나를 존중해 주는 남편. 풋풋한 새내기가 교수님에게 적어냈던 현모양처의 꿈을 결국은 이루었다.

2

가만히 있으면 아무 일도 일어나지 않는다

기회는 준비된 자에게 오는 법

결혼 2년 차에 유학이 결정되었다. 미국행이 결정되고 유학자금을 모으느라 닥치는 대로 과외를 하기 시작했다. 고등학생 과외를 끝내고 자정이 넘어 집에 오면 기운이 쏙 빠져 어떻게 씻고 잠이 들었는지 기억도 안 날 정도로 힘이 닿는 데까지 가르쳤다.

출국 전날까지 과외를 마무리하고 미국에 도착하니 지상 천국이 따로 없었다. 우리 부부는 함께할 수 있는 시간이 많아졌고 새로운 곳에서 다시 시작하는 기분은 마치 신혼이라도 된 듯했다. 개강 전까지는 갑자기 주어진 자유로

운 시간을 어떻게 지내야 할지 과분하고 벅차게 느껴질 정
도였다.

　남편은 개강하고 정신없는 생활을 시작했다. 나는 도시
락을 챙기고, 남편이 학교에 가면 유학생 와이프들과 커피
도 마시고 장도 보며 꿈에 그리던 결혼생활을 하고 있었다.
어느 날 이런 생활을 지켜보던 남편이 말했다.
　"옥아, 너 이렇게 가만히 있다가 아무것도 못하고 한국
　으로 가면 어떡해."
　상처가 될지언정 남편 말이 틀리다고도 할 수 없고 싫
다고도 할 수 없는 상황이었다. 지금 이불속에서 가만히 있
으면 따뜻하고 편하게 쉬어 좋을 것 같지만, 한국에 귀국하
여 이불을 들추고 세상과 맞이하는 순간 얼어 죽는 그림이
그려졌다. 심란하여 부엌에 들어가 저녁식사 준비를 시작했
다. 저녁을 먹고 남편이 검색창을 띄운 노트북을 내 눈앞에
들이댔다. 교육대 교수였다. 썩 내키지는 않았지만 일단 이
메일로 연락해 보기로 했다. 교수님은 당장 내일 연구실로
오라는 답장을 주셨다. 밤새 교수님에 대해서 검색해 보고
연구 논문을 읽어보고 어떤 대화로 교수님의 마음을 끌 수

있는지를 준비했다.

나의 상황을 설명하고 연구 분야의 관심도와 앞으로의 계획 정도를 준비했다. 그리고 가장 중요한 것은 희박한 가능성이지만, 교수님 프로젝트에 자원봉사라도 하고 싶다고 덧붙이는 것이었다.

혹시 모르니 성적표, 이력서, 자기소개서를 챙기고, 밤새 SOP(Study of Plan: 대학원 입학을 위한 학업 계획서)를 수정했다. 그리고 논문들을 챙겨 들고 갔다. 남편이 주차장에 주차를 했을 때, 자동차 문을 열고 땅에 발을 내딛기까지 한참을 망설였다. 다리가 후들거렸다. 긴장한 나머지 화장실을 여러 차례 들린 후에야 연구실 앞까지 도착했다. 노크를 하려니 심장박동수가 귀를 울릴 정도로 빨리, 그리고 거세게 뛰기 시작했다. 1시간 가량의 면접 후, 교수님은 그날 저녁 수업에 청강을 들어오라는 초대를 해주셨다.

"정말이야? 잘못 알아들은 건 아니야?"
"진짜야, 분명히 확인 질문도 했어. 자기야, 나 집에 가서 학생처럼 옷 좀 갈아입고 와야겠어."
"야, 신기하다. 혹시나 하고 문을 두들긴 건데. 역시 준비를 해가기 참 잘한 것 같아."

남편과 나는 믿기지 않는다는 듯, 흥분을 가라앉히지 못했다. 그날 첫 수업이 나의 인생의 전환점이었다고 해도 과언이 아닐 만큼 흥미진진했다. 그날 그 수업의 주제가 후에 나의 박사 논문이 될 줄이야 누가 알았겠는가. 수업을 마치고 교수님 연구실로 돌아왔다. 낮에 앉았던 그 의자에 다시 앉게 되었다.

"오늘 수업 어땠니?"

"이런 훌륭한 수업은 난생 처음이에요."

"수업 시간에 던진 그 질문이 꽤 인상적이었어. 계속 나와도 돼."

"학기 내내 수업을 청강해도 된다는 말씀이세요?"

"넌 준비가 된 것 같은데. 온라인으로 지원하고 내일부터 내 수업에 다 들어와 볼래?"

출력한 강의계획서에 손가락으로 강의실과 강의 시간을 짚어가며 꼼꼼하게 알려주는 모습이 마치 자상한 초등학교 선생님 같았다. 이렇게 해서 그날부로 우리는 지도교수와 제자가 되었다. 남편과 나는 함께 흥분을 가라앉히질 못했다.

"나 합격이나 마찬가지겠지? 이건 자만인가? 꿈인가?"

"난 자기가 될 줄 알았어. 내가 그 교수님 잘 찾았지?"

"어, 고마워. 근데 나도 면접 잘했으니까 받아준 거겠지?"

우리는 서로에 대한 칭찬과 함께 자화자찬에 취해 건배를 하였다. 누가 잘했고 무엇을 잘했는지를 분간할 정신이 아니었다. 시간이 지나고 흥분이 가라앉고 나서야 객관적으로 돌아볼 수 있었다.

"공부가 너무 재미있어. 지도 교수 찾아줘서 고마워."

"적시에 기회를 잘 잡은 거야."

"나는 기회주의자였던 건가?"

"자기가 많이 준비했기도 했잖아."

"난 운이 너무 좋은 것 같아."

"운도 준비된 자에게 오는 거지."

"준비된 자가 기회를 차지하는 거지."

"그 말이 그 말 아니야?"

파도타기

살다 보면 뜻하지 않게 좋은 기회가 오기도 하고 때로는 힘든 상황이 닥치기도 한다. 좋은 기회를 잘 잡으면 운이 좋았다 하고, 힘든 상황에 맞닥뜨리면 재수가 없었다고도 한다. 흔히 운이 좋았다며 겸손하게 말하는 사람들을 보면 사실 그냥 운만으로 일이 잘 풀리는 것은 아니다. 그들은 준비운동을 잘하고 있다가 파도가 몰려오면 물살에 몸을 맡기고 멋지게 파도타기를 하는 것이다.

인생은 높이를 가늠하기 힘든 파도타기의 연속이다. 혹 파도에 휩쓸려 수십 미터 물속으로 들어간다 해도 스스로를 구해낼 수 있다는 신념과 다져진 체력이 있어야 수면 위로 올라와 숨을 쉴 수 있다. 인생의 파도타기를 잘하려면 늘 준비가 되어 있어야 한다.

데프콘(DEFCON: DEFense readiness CONdition)은 비전시상태에서 사용되는 전투준비단계를 의미한다. 전쟁 위협이 없는 평화로운 상태인 5단계부터 전시 상황 선포 및 돌입을 의미하는 1단계까지 있다. 인생이 늘 전쟁이라 생각하면 끔찍한 일이 아닐 수 없다. 하지만 파도타기와 마찬가지로 일상이 늘 평탄하고 순조롭지만은 않기에 데프콘 5단계에서 마냥 느긋하게 지내고 있다가는 패전의 쓴맛을 보고 파도에 그냥 휩쓸려 가게 되는 것이다. 전쟁은 재수가 없어서가 아니라 준비가 안되어 있어서 지는 것이다.

내가 지도 교수님을 만나서 공부를 시작하게 된 것은 그냥 운이 좋아서가 아니었다. 지도 교수님을 만나기까지 꾸준한 준비 과정이 있었다. 준비가 되어 있다 할지라도 교수님의 문을 두드리지 않았더라면 아무 일도 일어나지 않았을 것이다. 지도 교수님은 늘 그 연구실에 있었을 것이며, 나는 유학생 와이프로만 지냈을 것이다. 그렇게 교수님을 만나 내 인생을 바꿀 기회는 그냥 지나쳐버리고 말았을 것이다.

그 문을 두드리기까지 망설였던 이유는 완벽히 준비가 되지 않았다는 두려움 때문이었다. 생각해 보니 **준비 과정에 완벽이란 없다. 준비는 준비일 뿐 완성을 하는 게 아니기 때문이다. 완벽함을 추구하려다 영원히 준비만 하다가 말 것이다.**

교수님을 찾아가 연구실 문을 두드리지 않으면 두려움을 껴안은 채 영원히 준비 과정 상태였을 것이다. 연구실

문을 두드린 것은 대학원 과정을 시작하기까지의 준비 과정을 마무리해 주는 피날레였다.

3

당신의 한계를 테스트해 봐

유학 생활을 마치고 먼저 한국으로 돌아가 근무하고 있는 남편에게 하소연을 한 날이 있다. "당신의 한계를 테스트해 봐. 다른 사람이라면 몰라도 자기만큼은 해낼 줄 알았는데."

위로는커녕 나를 더 강하게 정신교육 시키는 것 같아서 울컥 눈물이 나고야 말았다. 내가 듣고 싶었던 말은 "많이 힘들지?" 이런 공감의 한마디였다.

"한계는 무슨! 나 더 이상은 못 하겠어."

전화를 끊자마자 당장 한국으로 돌아가리라 결심하고 옷장에서 여행가방을 꺼내었다. 바닥에 여행가방을 내동댕

이 치듯 던져 놓고 주저앉은 순간 남편에게서 문자가 왔다.

"얼마 되지 않지만 돈 좀 보냈어. 옷 한 벌 사 입고 힘내서 끝까지 하고 와."

바닥에 철퍼덕 주저앉아 펑펑 울었다. 남편도 힘든데 바라지도 않던 현금을 보내다니 감동도 잠깐, 한국에 오지도 못하게 하니 갈 수도 없고 뒤로 물러날 수도 없는 상황이 답답하여 원망의 눈물이 흘렀다. 남편이 원망스럽다가 고맙기도 하고 미안하고 감동적인 복잡 다양한 감정들이 마구 섞인 눈물을 한참 쏟아내고야 마음이 잡혔다.

"그래, 내 한계가 어디까지인지 이 악물고 해보리라."

옷 한 벌이 포기하려는 마음을 돌려놓을 수는 없다. 없는 형편에 어떻게 해서든 위로를 해주려 애쓰는 마음이 여행가방을 옷장 안으로 집어넣게 만들었다.

가끔 포기하고 싶을 때 이날 여행가방 끌어안고 울었던 날을 회상한다. 그리고 내가 정말 한계에 도달한 것인지 아직 더 해볼 여지가 있는지를 생각해 본다. 한계가 어디쯤인지 모를 때는 최악의 상황을 그려본다. 러닝머신 위에서 뛰다가 그만두고 싶으면 멈추는 순간, 뒤에서 입 벌리고 있는 악어에게 잡혀먹힌다는 황당한 상상을 해본다. 그러면 잡혀먹히기 싫어서라도 조금 더 뛰게 된다.

정말 하기 싫은 일을 해야만 할 때는 지금 내가 납치되어 수용소에 있다고 상상해 본다. 누군가 총을 들고 지켜보는 상황에서 이 일을 꼭 해야만 한다면 어떨까. 가끔 이러한 얼토당토않은 최악의 상황에 처한 나를 상상할 때면 한계를 뛰어넘어 더 한 것도 하게 된다. 그러고는 깨닫는다. **나의 한계는 내가 정한 거였구나. 충분히 할 수 있는 거였네. 생각대로 되네?**

미국에서 가장 대중적인 자동차 하면 포드라는 단어가 쉽게 떠오를 것이다. 포드사 창립자 헨리 포드도 이러한 명언을 남겼다. "Whether you think you can, or you can't-you're right." 할 수 있다고 믿든, 할 수 없다고 믿든, 너의 그 생각대로 될 것이라는 뜻이다.

아무리 쉬운 일도 못할 것이라 생각하면 정말 충분히 가능한 일도 포기하게 된다. 주변에서 애들 데리고 공부를 한다는 것은 너무 힘들고 불가능하다고 하는 말에 내가 동조할 필요는 없다. '너는 못해도 나라면 할 수 있다'라고 생각하니 정말 할 수 있을 것만 같이 힘이 솟았다. 왠지 나만이 해낼 수 있는 특별한 사람이 되어가는 것 같았다. 무언가를 포기하고 싶은 것은 진짜 한계에 다 달아서 그런 게 아니라 할 수 있는 내 능력을 의심하기 때문이다.

포드의 생각이 옳다. 내가 나를 의심하면 아무도 나를 믿어주지 않는다. 그리고 할 수 있는 일도 이룰 수 없는 일이 되어버린다. 내가 나를 믿고 할 수 있다고 생각하면 불가능할 것 만 같았던 일도 가능성이 보이기 시작한다. 그리고 그 일을 이루고야 만다.

힘들 때마다 생각한다. 내 능력에 한계를 긋지 말 것. 나라면 할 수 있다고 믿을 것.

194

4

부모를 미워해도 될까요

출가외인

나를 낳아 아낌없는 사랑을 넘치도록 퍼부어가며 키워주신 부모님을 사랑하고 존경한다. 그러나 두 딸의 엄마가 된 나는 내 딸들은 절대로 나의 부모님처럼 키우고 싶지 않은 게 딱 한 가지가 있다. 딸을 '여자만'으로 키우는 것이다. 여자와 남자는 분명 생리학적인 차이가 있다. 하지만 그 차이점으로 아들과 딸을 차별해서는 안된다. 다행히 나에게는 아들이 없다. 내 딸들은 여자라는 이유로 꿈을 저버리거나 하고 싶은 일을 자제하고 남자에게 양보하는 일은 없도록 키울 것이다.

우울증의 원인을 알고 싶어서 나 자신에 대해 탐구하기 시작했다. 부모님은 인정하고 싶지 않을 것이다. 하지만 나에게는 아들딸 차별로 인한 아물지 않은 깊은 상처가 남아 있다. 그동안 내 인생에 가장 큰 방패막이 되어주던 부모님을 미워해도 될지 죄책감에 한참 마음이 괴로웠다.

감히 미워할 수 없다면 내가 받은 상처는 어떻게 치유할 수 있을지를 고민했다. 나를 우울하게 만드는 여러 가지 요인 중에서 부모에 대한 서운함은 어쩌면 가장 쉽게 풀릴 수 있을 것만 같았다. 그래, 솔직히 내 마음을 털어놓기로 했다. 한바탕 쏟아내면 같이 울면서 토닥거려 주고 포옹으로 마무리하면 그렇게 쉽게 나의 응어리를 풀 수 있을 것 같았다.

안타깝게도 이러한 기대는 실망으로 더 큰 상처만 남겼다. 다 커서 옛날얘기를 꺼내니 뒤끝 있는 소심하고 옹졸한 딸이 되어버렸다. 그 후로는 피해의식의 악순환으로 우울증 증상이 더욱 심각해지기만 했다.

박사과정 첫 학기에 딸이 태어났다. 이럴 땐 엄마밖에 없다. 다행히도 긴급 호출에 응하여 미국까지 날아와 주셨다. 워낙 살림이 서툴고 털털한 엄마에게 무엇을 크게 기대한 건 아니었다. 최소한 학교에 가 있는 동안 갓난아이를 봐줄 수만 있으면 학위를 포기하지 않겠다는 각오로 도움을 요청했다. 그 먼 길을 날아와 준 게 너무나도 감사했다. 감사의 눈물이 서러움의 눈물로 바뀌기까지는 일주일도 안 걸렸다.

엄마는 첫째 손녀를 지극 정성으로 돌보아 주셨다. 손녀 다음으로는 늘 한국에 있는 아들 생각으로 가득했다. 육아와 공부의 병행으로 핼쑥한 얼굴로 허덕이는 딸은 안중에도 없었다.

"다섯 손가락 깨물어 안 아픈 손가락 어디 있냐. 근데 더 아픈 손가락은 있어. 성윤이는 막내니까 더 아픈 거고, 성희는 불쌍하니까 더 아픈 거야."

"그럼, 엄마 아빠한테 제일 잘하는 나는?"

"너는 출가외인이잖아. 시집가서 잘 살고 있는데 왜 걱정하냐?"

한이 맺힌 한숨과 함께 고개를 떨구었다. 물 빠진 청바지가 눈에 들어왔다. 지난주까지도 괜찮았던 것 같은데 청바지도 지쳤는지 이제 닳고 닳아 더 이상 무릎을 가려주지 못했다. 싸늘한 가을날이었는데 무릎까지 나오니 서럽고 서러워 눈물이 멈추질 않았다.

어느날 엄마는 추위에 아랑곳하지 않고 차에서 내려 옷 가게로 향했다. 추운 날에도 출퇴근하는 오빠가 불쌍해서 잠바를 사 가야 한다나. 엄마가 쇼핑하는 동안 카시트에서 곤히 잠이 든 딸을 지켜보며 하염없이 울었다. 출가외인이라니, 나도 모르게 구멍 난 청바지 사이로 검지를 넣고 무릎을 달래고 있었다.

"엄마, 난 구멍 난 청바지 입고 다녀. 오빠는 돈을 버니까 바지 정도는 사 입을 수 있잖아. 미국에 있는 동안 가난한 유학생 바지 한 벌 사줄 생각은 없어?"

"애는 참, 여기서는 공짜로 애 봐주잖아."

아, 나는 애 낳고 공부하는 죄인이구나. 엄마 용돈도 못 드리고 염치없이 청바지나 얻어 입을 생각을 하다니.

"치사하게 그걸 비교하냐. 지금부터 애 봐준 시간 다 적어 놔, 졸업하고 내가 다 갚을 테니까."

이런 말다툼은 하루가 멀다 하고 반복되었다. 공부를 포기할 수도 없고, 엄마가 절실히 필요했던 진퇴양난의 위기 속에서 서러움, 고마움, 미안함, 복합적인 감정들로 마음이 힘들었다. 졸업하고 엄마에게 갚아야 할 빚이 늘었다. 다행히도 이것이 이를 악물고 졸업만을 향하여 달릴 수 있었던 원동력이 되기도 했다.

보따리장수처럼 오빠랑 동생, 그리고 지인들에게 나누어 줄 선물들로 이민 가방을 누르고 눌러가며 귀국 짐을 챙기는 걸 도왔다. 결국 엄마가 한국으로 귀국할 때까지 나는 청바지 한 벌 얻어 입지 못했다.

눈물을 말렸다

두 시간에 한 번씩 일어나 모유 수유를 하며 쪽잠만 겨우 자고 새벽에 한번 더 유축을 해놓고 학교로 출근했다. 오전에는 부설 어린이집에서 일하고 오후에는 수업까지 듣고 지쳐 돌아왔다. 문을 열자마자 안고 있던 첫째 아이를 나에게 넘겨주고는 방으로 들어가 버리는 엄마가 그렇게 차가울 수가 없었다. 책가방, 노트북 가방, 유축기, 아이스박스, 그리고 아이까지 안은 채로 부엌에 가서 하나씩 내려놓았다.

가장 먼저 하는 일은 당연히 아이를 꼭 껴안아 주는 일이고 기저귀를 확인하는 일이다. 그리고 종일 틈틈이 쉬는 시간에 화장실 변기에 앉아 유축해 온 모유를 먹이기 좋게 저장팩에 담아 냉장고에 보관해 두고 허기진 배를 달랬다.

하루는 밥솥을 열었는데 밥이 없었다. 모유 수유 중이라 매운 라면도 못 끓여 먹는데 냉장고에도 먹을 게 없고 배가 고프니 눈물이 울컥 쏟아져 버렸다. 모유 수유를 해본 사람은 알 것이다. 뒤돌아서면 허기지다. 수업시간에 뭘 먹을 수도 없고 먹을 것을 챙겨 다닐 여유도 없었다.

"엄마, 전기밥솥에 밥만이라도 좀 해 놓으면 안 돼? 학교 갔다 오면 배가 고파서."

"내가 너 밥이나 해주러 미국 왔냐?"

엄마도 많이 힘들었나 보다. 언어도 안되고 친구도 없는 미국 아파트에서 하루 종일 창살 없는 감옥생활을 하다 하다 절정에 치달은 듯했다. 엄마는 방으로 쌩하고 들어가 버렸다. 문짝이 부서질 듯 쾅 닫는 소리와 동시에 내 가슴에도 쾅쾅 못이 박혔다. 다른 사람도 아니고 엄마인데, 출산한 지 얼마 안 되는 딸에게 이렇게 까지 차갑게 해야 했나. 나는 무엇을 잘못한 것인지 자꾸 죄책감만 들었다. 학교에서는 영어와 문화가 힘들고, 아파트에 돌아오면 엄마의 눈치를 보느라 말 한마디도 조심조심 살얼음판을 걷는 듯했다.

그래, 목표는 하나. 졸업이다. 당장은 힘들지만 상처받고 울면서 감정 소비를 할 시간조차도 아까웠다. 눈물도 사치라는 생각이 들었다. 순간 내 눈물샘을 정신력으로 바싹 말려버린 것 같았다. 웬만해서는 눈물도 안 나왔다.

살아남을 방법이 번뜩 떠올랐다. 주말에 팔을 걷어붙이고 많은 양의 음식을 해서 일주일간 먹을 밥과 국을 소분하여 냉장고와 냉동실에 보관해 두기 시작했다. 이렇게 시작한 냉장고 정리 비법은 아직까지도 유용하게 쓰고 있다. 어쩌면 아이를 키우며 교수가 된 최고의 시간 관리 비법이라 해도 과언이 아니다.

부모를 미워해도 될까

오빠, 나, 남동생 이렇게 삼 남매는 특별히 다투거나 싸우는 일 없이 뜨뜻미지근한 관계를 유지하며 성장했다. 네 살 어린 남동생은 태어날 때부터 내가 가장 아끼는 인형 다루듯이 매우 조심히 정성을 다해 보살폈다. 이 또한 돌이켜 보니 늦둥이 막내를 애지중지하는 엄마에게 조금이나마 더 잘 보이려고 동생에게 끔찍이도 잘했나 싶다.

"옥아, 오빠 숟가락 좀 챙겨줘라."

"옥아, 동생 물 좀 떠다 줘라."

오빠니까 숟가락을 챙겨주고, 동생이니까 물을 떠다 주는 게 매우 자연스러운 일상인 듯 보이지만 가스라이팅 은 이렇게 시작된 것이다. 내가 아들이었다면, 그리고 오빠 와 남동생이 딸이었다면 상황은 달랐을 것이다. 아들인 나 에게 "누나 숟가락 챙겨줘라"라고 하지 않았을 것이며, 되 려 딸인 여동생에게 "오빠 물 떠다 줘라"라고 했을 것이다.

가스라이팅이 무서운 것은, 내가 아무리 배고픈 유학 생활을 하면서도 늘 오빠와 동생을 먼저 챙기게 되는 것이 다. 정작 나는 멀쩡한 옷 한 벌 사 입지도 못하고, 돈이 아 까워서 외식도 못 하는 주제에 한국 갈 때는 보따리장수 마 냥 이것저것을 챙겨 다녔던 것이다. 지금이야 아마존이나 한인마트 온라인 쇼핑으로 웬만한 것은 쉽게 조달할 수 있 지만 유학 생활을 처음 시작했을 때는 주로 한국에 있는 가족들이 유학생들에게 소포를 보내주곤 했었다. 당시에 는 한국에서 소포를 주기적으로 받는 유학생들이 마냥 부 러웠다.

시간이 지나도 이 잘못된 일방통행이 전혀 이상하거나 부당하다고 생각하지 못했다. 나야 늘 스스로 잘하는 착한 딸이었다. 어느새 나는 그런 소포 안 받아도 '알아서 잘 사는' 딸이 되어버렸다. 스스로 잘한다는 칭찬이 늘 좋기만 한 것은 아니다. 그런 칭찬이 축적이 되다 보니 겉으로는 든든하게 서 있는 듯 보이나 속은 텅 비게 되어 마음의 골다공증을 앓게 된다. 스스로 잘 크는 화초에도 충분한 빛과 물이 필요하다.

우울증을 분석하면서 깨달았다. **나의 우울증은 나 자신을 먼저 챙기지 않아서 생긴 것이다. 피해의식이 쌓이고 쌓여 생긴 마음의 병이다.** 부모를 미워한다는 것은 상당히 괴로운 일이다. 상처를 감싸안고 부모를 미워하기보다는 차라리 정신을 차리고 더 이상의 상처는 받지 않기로 했다. 그래서 나 자신을 상기시키기 위해 위로의 메모를 남겼다.

— 부모에게 자식 된 도리는 다하되 기대 이상의 것을 해야 한다는 의무감을 가질 필요는 없어. 어쩌면 부모님은 너에게 그렇게까지 기대하지도 않을 거야. 남들처럼 행복하기만을 응원하고 있을지도 몰라.

— 이제는 상처받지마. 가해자는 없는데 너만 피해자가 되기 때문이야. 가해자는 너의 감정을 헤아릴 생각조차도 안 해. 너의 마음을 이해하기는 힘들어. 이해해 주기를 바라는 게 무리야.

— 관계에는 일방통행이란 없다. 부모와 자녀 간의 사랑도 오가는 양방 통행이어야 한다. 바라지도 않는 일에 혼자 쓸데없이 챙겨주고 상처받지 말자. 나의 시간과 감정을 무리하게 희생할 필요는 없다. 가족이던 친구이던 이웃이던 간에 **남에게 "예스"라고 대답하기 전에, 나 자신에게 "노"라고 하지 않았는지를 반드시 생각하자. 나 자신을 먼저 챙기고 사랑해야 한다. 스스로가 단단해야 다른 사람이 나에게 기대도 안전하다.**

5

길들여지지 않으면 끊는 게 답이다

태도가 달라지지 않는 사람은 과감하게 끊을 필요가 있다. 가령 나의 시간을 자기의 스케줄에 껴 맞추려는 사람이나 마치 남의 시간까지도 내 것인 것처럼 착각하는 사람이다. 자정이 넘은 시간에 통화를 걸어온 무례한 사람이 있었다. 소셜미디어를 통해 통화를 할 수 있다는 사실을 이날 처음 알게 되었다. 이 기능이 무엇인지도 모르고 잠결에 받았는데 구독자라며 한참을 붙잡고 통화를 했다. 자정이 넘은 시간이라 자고 있었다고 했지만 안하무인이었다.

본인에게는 통화를 하고 싶은 만큼이나 중요한 일이었겠지만 객관적으로 급한 일은 아니었다. 나에게 중요한 모든 일들이 자고 있는 타인을 깨워야 할 정도로 급한 사항이 아니라는 것을 구분하지 못하는 사람들도 있다.

"얼굴 한번 보지도 않은 사람에게 그 시간에 전화를 건 사람도 문제지만, 전화를 받아서 끊지도 못하고 1시간을 통화한 박 교수도 잘못했네. 돈도 꿔줄 사람에게 꿔 달라고 하지 돈이 많다고 부탁하지는 않거든. 전화를 받아줄 것 같으니까 한 거야. 앞으로 정신 차려."

쑥쑥 언니의 따끔 시원한 사이다 발언은 머리를 한 대 맞은 것 같이 정신을 바싹 차리게 한다. 이런 언니도 물러터져서 교회 집사님에게 호되게 데인 적이 있었다. 언니 집과 우리집을 번갈아 가며 들락거리던 교회 집사님이었다. 시도 때도 없이 전화해서 아무 의미 없는 수다를 한참 떨거나 밤낮을 가리지 않고 우리 집에 찾아왔었다. 처음에는 과일과 차를 대접하다가 차츰 저녁밥까지 차려주게 되었고 시간이 지나며 우리 집에서 잠까지 자고 가는 것이었다.

아이들이 아직 어려서 숙제도 봐줘야 하고 저녁에 책도 읽어줘야 하는 나에게 이것은 치명적인 시간 낭비였다. 처음에는 사연이 있는 듯하여 받아주었다. 시간이 지나면서 그 사연은 내가 해결해 줄 수 있는 것이 아니며 받아주는 정도에도 적당한 선이 있었어야 한다는 것을 깨달았다. 넘지 말아야 할 선을 넘은 후에는 되돌리기가 참 어렵다는 것 또한 배웠다.

　엄마에게 이런 고민을 털어놓으니 알아듣게 얘기를 하고 그래도 진전이 없다면 혹사당하지 말고 끊어내야 한다고 조언해 주었다. '혹사'. 매우 모질고 힘들게 한다는 의미에서 엄마가 선택한 그 단어는 나의 상황을 적중하며 표현해 주었다. 나는 해야할 일을 미루고 쉬어야 할 시간을 양보해가며 혹사당하고 있었다. 적당한 이유와 함께 거리를 두기 시작하자, "너만 바쁘니? 맨날 혼자 바쁜 척이야"라며 적반하장으로 나왔다.

　그동안 혹사당한 시간을 계산해 보면 억울하기 그지없다. 억울한 만큼 큰 배움이기도 했다. 길들여지지 않는 사람은 끊어도 된다. 나에게 다가오는 모든 이들을 받아줄 필요는 없다. 나는 모든 문제를 해결해 줄 수 있는 만능 해결사가 아니다.

　수많은 시간을 빼앗기고 나서야 깨닫게 되었다. 어설프게 착해서 거절하지 못하고 도와주는 것을 선행이라고 착각하면 안된다. 그것은 내가 선행을 베푸는 것이 아니라 상대방의 조정에 의해 줏대 없이 길들여지는 것이다. 상대방의 감정을 다치게 할까봐 길들여진 대로 끌려다니다 보면 어느새 내 감정은 상처투성이가 되고 만다. **거절한다고 나쁜 사람이 되는 것은 아니다. 때론 거절이 이기적인 게 아니라 현명한 선택이라는 것을 명심해야 할 필요가 있다. 그것이 내 자신을 존중하고 보호하는 건강한 행동이다.**

나처럼 거절을 편하게 하지 못하는 사람은 상처받기 전에 스스로를 보호하는 자가 훈련이 필요하다. 우선 스스로에게 거절해도 괜찮다고 인지시켜 주는 연습을 한다. 내 시간도 소중하니 "노"라고 해도 괜찮다고 스스로에게 말해준다.

두 번째는 거절할 때 애매모호하게 핑계를 대지 말고 왜 거절을 하는지 상대방이 오해하지 않도록 명확하게 말해준다. 남편이나 아이 핑계를 대는 것보다 내가 주체가 되어 나는 왜 그 일을 도울 수 없는지를 말하는 연습을 한다.

세 번째는 지금과 나중을 구분해 준다. 지금은 도와줄 수 없지만 나중에 도와줄 수 있다던지, 그런 일은 지금도 나중에도 아예 도와줄 수 없다고 깔끔하게 선을 그어주는 연습을 한다. 도와주고 싶지만 지금은 도와줄 수 없는 상황이라면 이번 주말에는 선약이 있어서 도저히 해줄 수 없지만 다음 주말에는 도와줄 수 있다고 도울 수 있는 기간을 말해준다. 상황이 문제가 아니라 전혀 가담하고 싶지 않은 부탁이라면 나중에 같은 부탁을 할 여지를 주지 않도록 나는 그런 일에 시간을 할애할 수 없다고 명확히 내 의사를 전달한다.

거절하는 것도 연습을 통해 향상될 수 있는 능력이다. 내 자신을 존중하고 상대방에게도 예의를 보이며 거절하는 것은 정신적으로 건강하게 살기 위한 중요한 자기 관리 방법이다.

6

높이 뛰기 위한 움츠림

교수가 될 계획

처음에는 미국에서 교수까지 할 계획은 없었다. 박사 학위 졸업장을 가슴에 안고 한국으로 귀국하는 것. 그것만이 원래 나의 목표였기에 5년간 졸업 논문과 육아에만 전념하고 달렸다. 길고 긴 여정 끝에 졸업 논문에 마침표를 찍는 눈물의 순간이 오긴 왔다. 드디어 논문 심사위원에게 학위논문 발표 날짜를 잡는 이메일을 보냈다.

한국에서 시어머니가 와주셨다. 디펜스를 마치고 함께 귀국 이삿짐을 쌀 계획이었다. 타국 생활을 마치고 한국행 비행기에 오르는 그림을 그려가며 고부가 사이좋게 물건을 정리하기 시작했다.

오랜만에 남편과 통화하는데 귀국 비행기 티켓은 어머니 것만 예약하겠다고 했다. 나는 남아서 미국 대학에서 교수직을 찾아보라는 청천벽력 같은 소리를 해댔다. 나에게는 돈이 없으니 내가 한국에 가고 싶다고 당장 티켓을 끊을 수도 없었다. 간다고 해도 환영을 받으며 귀국을 하기는 글러버린 상황이었다.

"지금 들어오면 지방대도 못 가. 미국에서 교수하면서 영어강의 경력이라도 쌓고 들어와."

"뭐? 나 교수 해야 해?"

"당연하지! 난 자기가 당연히 교수할 줄 알고 투자한 거야."

"졸업한다고 바로 교수가 되는 게 아니야. 준비가 필요하다고."

"그럼 교수는 어떻게 되는 건데?"

"그게 그렇게 하루아침에 쉽게 되는 게 아니야. 나 그냥 한국에 가서 당분간 좀 쉬면 안 돼? 쉬면서 뭐 할지 알아볼게."

"시간이 걸리더라도 미국에서 대학교수 준비해 봐. 자

기는 거기가 더 맞아."

이때까지도 교수가 되겠다고 구체적으로 생각하지 않았기 때문에 교수가 되기 위해 딱히 준비해 놓은 게 없었다. 지도 교수님은 일단 디펜스를 미루자고 제안해 주셨다. 많은 유학생을 양성해 보신 분이라, 졸업하면 학생비자가 만기 된다는 사실을 알고 계셨던 것이다. 이미 논문은 마무리했으니 임용이 결정되면 바로 디펜스 날짜를 잡고 졸업하자고 안심시켜 주셨다.

샘은 더 깊이

이미 마음은 졸업해 버렸다. 같이 공부했던 친구들과 졸업파티도 했다. 임용이 돼서 계약서에 싸인까지 했다며 들떠 있는 친구를 축하해 주고, 타주로 이사 가는 친구 이삿짐도 같이 정리해 주었다. 친구들을 한 명 두 명씩 떠나보내며 임용준비를 시작했다. 초반에는 동기들이 떠나고 혼자 낙오자로 남은 것 같은 기분에 그냥 사라져 버리고 싶다는 생각이 자주 들었었다. 재수하는 기간이 졸업 논문을 쓰는 과정보다 훨씬 더 괴롭고 힘들었다.

그래도 다행히 낙오자라는 생각은 길게 가지 않았다.

아무것도 준비가 되어 있지 않았다고 겁을 먹었는데 그간 쌓아온 노력들을 이력서에 담아보니 동기들에 비해 부족함이 없었다. 지원 시기가 늦었을 뿐 나에게도 희망이 생겼다.

극심한 가뭄에 허덕이고 있는데 가느다란 물줄기를 발견한 것이다. 왠지 조금 더 파면 콸콸 흐르고 넘칠 것 같았다. 재수 기간은 나만의 샘을 더 깊이 팔 수 있는 기회가 되었다. 학회에 가서 더 다양한 사람들을 만날 수 있었고 더 좋은 연구 실적과 좀 더 괜찮은 강의 경력을 쌓을 수 있었다. 면접 준비용 영어공부를 열심히 하면서 면접에 자신감도 생겼다. 결국 1년이 늦었지만 친구들에 비해 훨씬 더 괜찮은 임용조건을 협상할 수 있었다.

임용을 위한 재수는 비록 힘들었지만, 결국은 그 기간은 더 높이 뛰기 위해 준비하는 기회였다. **마치 인생 최고 높은 곳까지 뛰어보겠다고 각오하고 잔뜩 움츠린 개구리처럼 말이다.** 쑥쑥 언니 찻잔에 있던 차가 식어가서 뜨거운 물을 더 따라주었다.

"그러니까 언니도 가만히 앉아서 움츠려 있다가 잠들지 말고 높이 뛰어오를 준비를 해."

"직업병 또 나온다. 뭔 말만 하면 가르치려고 해. 내가 박 교수 학생이냐?"

"언니를 생각해서 내 아픈 과거 얘기도 해주는 거지. 이런 동생이 어디 있냐?"

"그래. 근데 박 교수도 대단한데, 박 교수 남편은 더 대단하다. 어떻게 뭘 보고 교수가 될 거라고 믿고 투자를 한 거지?"

그러게나 말이다. 그때는 교수가 되라고 하는 남편이 정말 미웠다. 그래도 내가 교수가 될 수 있을 것이라 확신한 그 신념이 참 큰 힘이 되었다. 그래서 움츠리고 있는 기간에도 높은 지점을 바라보며 뛰어오를 준비를 할 수 있었다.

7

원래 그런 사람도 한계를 넘을 수 있다

엑스트라에서 주인공으로

교수가 되고 가장 힘든 것은 남 앞에 서서 말을 해야 한다는 것이다. 개강 첫날에는 강의실 앞에서 여러 차례 호흡을 가다듬고 문을 연다. 아무리 수업 준비를 많이 해도 긴장이 된다. 개강 한 주 전부터 아무리 조심해서 먹어도 개강을 하는 주에는 영락없이 설사를 하고 만다. 그래서 학기 초에는 의도하지 않아도 자연스레 다이어트가 된다. 그러지 않으려고 하지만 심리적인 불안감이 신체적인 반응으로 나오는 것이다.

지금 나를 아는 많은 주변 사람은 이런 나의 고충을 알면 깜짝 놀랄 것이다. 타고난 기질보다 보이는 성격에 익숙해져 있기 때문이다. 나는 순하지만 까다로운 기질을 갖고 태어났다. 어렸을 때부터 온몸을 덮어 씌운 수줍음이란 모든 일을 함에 있어 나의 가장 큰 적이었다. 수줍음을 많이 타다 보니 의사표현을 하거나 감정표현을 하기 힘들어했다.

너무 쑥스러워서 타인과 눈도 잘 못 마주치고, 크게 마음 껏 깔깔 웃지도 못했다. 낯선 상황이 너무나 불편하고, 새로운 사람들 앞에서는 위축이 되고, 때로는 긴장하면 울렁거림, 구토, 설사와 같은 민감한 반응을 보이기도 했다. 이런 기질 때문에 목소리도 작았다. 1:1 대화는 괜찮은데 두 명 이상 넘어가는 그룹에서는 나도 모르게 조용해졌다. 나는 원래 타고나기가 그런 사람이었다. **하지만 원래 그런 사람도 한계를 넘을 수 있다. 기질은 어쩔 수 없이 갖고 태어난다고 해도 성격은 바꿀 수 있기 때문이다.**

학창 시절에는 학교에 다닐 때 선생님이 내 이름을 부를 까봐 수업시간에 늘 가슴이 터질 듯이 두근거렸던 생각이 난다. 심장 뛰는 소리가 귀에 들릴 만큼이나 학교생활은 매일이 긴장 상태의 연속이었다. 혹여나 실수라도 하면 정말 쥐구멍에 숨고 싶었다. 나에게 초능력이 있다면 투명인간이 되는 상상을 정말 자주 했었다.

초등학교때는 학교에 가는 게 죽기보다 싫었다. 개근이 중요했던 시대인지라 억지로 학교까지 걸어가긴 했으나 교문 앞에서 울고 서있으면 오빠가 업어서 교실에 데려다 주곤 했었다. 중학교 가서는 자퇴하고 검정고시를 보겠다고 했다가 된통 혼난 적이 있다.

할 수만 있다면 나도 변하고 싶었다. 깔깔거리며 마음껏 웃고 떠들고 실수를 해도 쿨하게 넘기고 싶었다. 마음은 새로운 인간으로 변신이라도 하고 싶었지만 사람이 갑자기 변하기는 힘들다. 주변 사람 눈치 보느라 내 맘대로 변화를 시도하지도 못했다.

내 인생이 늘 주인공 주변에서 맴도는 엑스트라 같았다. 한 번쯤은 주인공이 되어보고 싶기도 하다가도 다수의 관심을 받는 것 자체가 부담스러워 그냥 엑스트라에 만족하며 살았다.

무대에 오르다

비록 타고난 기질은 변하지 않아도 성격을 바꿀 수는 있다. 성격은 환경과 경험에 의해 변화되기도 하고, 나의 노력에 의해 의도대로 변할 수도 있다.

나는 결국 고등학교를 자퇴했다. 교환 학생으로 미국에 오면서 나의 성격을 바꾸고 싶었다. 나에 대해 아는 사람도 없고, 주변 사람 눈치 볼 것도 없고 하니 새로운 무대에서의 삶을 시작하기에 딱 좋은 기회였다. 내가 주인공이 되기 위해 변화를 시도하고 나만의 무대를 만들어보기로 했다. 작정하고 단단히 각오했다.

— 심장이 터질 것 같아도 하루에 한 번만이라도 손들고 질문하기.
— 낯선 사람에게도 먼저 인사하기.
— 눈을 똑바로 쳐다보고 웃으며 대화하기.
— 목소리는 조금 더 크게 말하기.
— 처음 만나는 사람에게 자신감 있는 태도로 대하기.

미국의 정서도, 영어도, 뭐 하나 불편하지 않은 게 없었지만 새로운 무대에서의 장점은 수줍음 많은 내 과거의 모습을 아는 사람이 없다는 것이다. 초대를 받으면 감지덕지 파티도 따라가고, 점심도 같이 먹고, 서로의 집에 놀러 가기도 하고, 스터디 그룹에서 공부가 끝나면 수다떨기도 같이 할 수 있는 친구들이 생겼다. 미국이 내 정서에 딱 맞다는 착각도 이따금씩 했었다.

성인이 되어가며 차츰 내 성격도 원하던 방향으로 개선되는 듯했는데, 숨겨져 있던 기질이 나의 성격을 이겨버린 날이 있었다. 장학금을 받는 학기가 끝나갈 때 즈음, 교수님이 다음 학기에 한 과목을 맡아 강의할 의향이 있는지 물었다. 강사 한 명이 자격미달로 가르치기로 했던 과목을 못 가르치게 되었던 것이다. 하늘이 주신 절호의 기회였다. 뜻하지 않게 강사 자격으로 모교에서 가르치게 되었다.

미국은 졸업 전에 단 한 과목, 딱 한 학기라도 강의를 할 수 있는 기회가 주어지긴 하지만 모든 박사생이 쉽게 강의 자리를 차지하는 것은 아니다. 나에게 그렇게 영광스러운 기회가 생각보다 일찍 올 줄은 기대하지도 못했다. 교수님의 제안에 감개무량하여 거울 앞에서 강의에 어울릴만한 옷을 얼마나 많이 갈아 입어봤는지 모른다.

나의 초라한 마음

내 생에 처음으로 미국 대학에서 강의를 한 날이었다. 수업을 마치고 나오는데 심한 편두통과 함께 울렁증이 왔다. 빨리 아파트에 가서 샤워하고 푹 쉴 생각에 메스꺼움을 참고 액셀을 밟고 달리기 시작했다. 구역질을 꾸역꾸역 참다가 달리는 차 안에서 와르르 구토를 했다. 핸들은 말할 것도 없이 옷과 좌석이 엉망이 되어버렸다.

가까운 주유소에 일단 차를 세우고 치우기 시작했다. 영어 울렁증이 이런 건가? 내가 준비가 안된 건가? 난 강의할 자격이 안 되는 건가? 온갖 부정적인 잡생각으로 머리가 가득 찼다. 흐르는 눈물과 콧물을 훔쳐내며 차를 청소하는 내 모습은 비참 그 자체였다.

샤워를 마치고 앉았는데, 마음을 나눌 사람이 없었다. 나의 초라한 모습을 들키는 게 싫었다. 찰떡같이 믿고 먹잇감을 던져준 교수님을 실망시키고 싶지는 않았다. 내 생에 가장 처참했던 나의 과거를 이렇게 나누는 이유는 누군가가 이 글을 읽고 힘을 낼 수 있기를 바라는 마음에서이다.

그렇게 시작한 강의를 한 학기만 하고 포기했다면 지금의 자리까지 오지는 못했을 것이다. 하다 보니 수줍음 많은 내가 미국 대학이라는 무대에서 주연이 되었다. 물론 타고나기를 이런 무대에 서 있는 것 자체가 편하지만은 않다. **하지만 인생이라는 무대에서 역할을 맡아야 한다면 기왕에 하는 거 조연보다는 낫지 않은가.**

거울 앞에서 최면

매일 거울 앞에서 나 자신에게 최면을 걸었다. 최면은 주인공이 되기 위해 발버둥 치던 나를 위한 간단한 자기 치료법으로 매우 효과적이었다. 스스로를 비난하지는 말자. 누군가가 나를 우습게 보거나 비난을 한다면 지금의 모습만 보는 그들을 비웃자. 나는 앞으로 더 나아질 것이니까. 지금보다 더 나아지기 위해 노력을 하는 것만으로도 나는 훌륭하다. 실수는 누구나 하는 거다. 그 실수를 반복하지 않기 위해 노력하되 자책할 필요는 없다.

자기 비하는 금물이다. 내가 나를 믿지 않으면 세상 누구도 나를 믿지 않을 것이다. **내가 갖고 태어난 기질로 나의 잠재력에 한계를 긋지는 말자. 나는 잘하고 있다. 그리고 더 잘할 것이다.**

그 누구도 아닌
'나'로 살아가기

1

다시 배우는 날갯짓

엄지공주

"박 교수님은 남편을 따라 미국에 왔다가 잘된 케이
스예요."

목사님이 교회에서 처음 온 분에게 나를 이렇게 소개
했다. 뭐 딱히 틀린 말은 아니었지만 뉘앙스가 썩 기분이 좋
지는 않았다. 힘들게 날갯짓하는 남편 등에 업혀 쉽게 여기
까지 날아온 것으로 착각하지는 말았으면 좋겠다.

안데르센 동화의 엄지공주는 제비 덕분에 두더지와 결
혼할 뻔한 위기에서 탈출하게 된다. 결국 혼자의 힘으로는
벗어날 수 없는 약하고 힘이 없는 작은 존재였던 것이다. 목

사님이 나의 과거를 힘 없는 엄지공주로 지레짐작하는 것
만 같아서 얼굴이 후끈해졌다.

"여자 팔자 뒤웅박 팔자다. 좋은 남자 만나서 고생 말
고 그냥 벌어다 주는 돈으로 살림이나 하면서 애 잘 키
우고 문화센터나 다니며 그렇게 사는 게 최고다."

친구들 사이에서도 가장 진보적이고 말 잘 통하는 어
른으로 인기가 많았던 우리 엄마가 나에게 늘 하던 말이다.

"여자가 사회생활 하는 게 얼마나 힘든지 아니?"

아빠도 한마디씩 거드셨다. 그렇게 나도 모르게 날개
는 펴지 않고 사는 게 좋을 것이라 마음을 굳히게 되었다.
날갯짓을 하는 게 힘겹게만 느껴졌다. 잘 날지도 못하면서
파닥거리느니 차라리 날개를 몸에 곱게 붙여 뒤뚱거리며
걷는 게 낫겠다 생각했다. 그러다가 어느새 나에게 날개가
있는지 조차도 모르고 살게 되었다.

날개를 쓰지 않고 걸어만 다니니, 그런 모습을 옆에서
지켜보면서 답답해하던 남편. 보자마자 날개의 가능성을
믿어준 지도 교수님. 이렇게 두 명은 적극적으로 나에게도
아주 건강한 날개가 있다는 것을 인지시켜 주었다.

접어버린 날개를 스스로 다시 펴기까지는 무한 자극과 반복적인 칭찬이 필요했다. 날개를 펴야 한다, 날 수 있다, 날아야만 한다, 잘 난다, 잘 날고 있다. 나에게는 고맙게도 이 과정을 되풀이해 주는 두 사람이 있었기에 날갯짓을 다시 배울 수 있었다.

다시 배우는 날갯짓

누구든지 날개를 달고 태어난다. 인간이 언어를 습득하듯이 날갯짓도 자연스레 배워나간다. 하지만 그 날개를 평생 펼쳐보지도 못하고 생을 마감하는 이들도 있다. 주변에 날갯짓을 방해하는 해방꾼이 있을 수도 있고 날개를 펼 수 있는 환경이 안되거나 아예 기회를 갖지 못하는 경우도 있다.

본인도 모르는 사이 새장 속으로 기어 들어가 있는 자신을 보고 다시 날아보고자 날갯짓을 해보는 이들도 있고, 새장 속에 안주해 버리는 이들도 있다. 무엇이, 어느 공간이 더 안락한 지는 자신이 선택하는 것이다. 때문에 **새장 안이든 밖이든 판단은 본인이 하는 게 맞다. 단지 자신의 선택에 후회가 없으면 된다.**

내가 공부를 시작하니 주변에 있던 사람들이 많은 질문을 하기 시작했다. 대부분 유학생 배우자였고 동반비자의 한계를 느낀 상태에서 찾아왔다. 나보다 나은 사람들이었다. 최소한 그들은 날개를 갖고 있다는 사실을 알고 있었기 때문이다. 최대한 진심을 담아 상담해 주고 서슴없이 자료를 공유했다. 안타깝게도 막상 공부에 도전한 사람은 없었다. 나이, 집안, 육아, 재정이 가장 큰 걸림돌이었다. 꿈이 있다면 잠시 접어두었던 날개를 다시 펴서 날갯짓을 해보길 응원한다.

유려하게 날갯짓을 할 자신이 없다면 높은 비행보다 낮은 비행을 선택하면 된다. 방향을 모르고 날고 있다면 속도를 줄이고 생각해라. 날다가 떨어졌다면 다시 날아오르면 된다. 누군가가 그만 날라고 한다면, 이착륙은 내가 정한다고 말해라. 누군가가 나의 날갯짓을 방해한다면, 내 날개이니 당신이 방해할 권리가 없다고 말해라. 지금 나는 게 힘들다면 잠시 쉬었다 가도 된다.

2

나도 행복해질 수 있는 권리

타인이 아닌 나로서

나는 너무 힘든데 아무도 날 도와주지 않는 것 같다. 어떻게 하면 더 나은 삶을 살 수 있을까? 행복해지고 싶다. 내가 행복해질 수 있을까? 나는 부자가 아닌데 그런 날이 올까? 행복이란 게 무엇인지, 어떻게 하면 내 삶에 더 만족하고 살 수 있는지, 한동안 이 근본적인 물음에 답을 찾기 위해 많이 고민했다.

이런 연속적인 질문을 하다가 행복해지기 위해 실천해야 할 것들을 생각날 때마다 수첩에 적기 시작했다. 그 중에서 매우 현실성 있으면서도 즉각적으로 효과를 볼 수 있는 방법을 찾았다. **당장 돈을 들이지 않고도 실천 가능한 방법이다. 그것은 바로 '타인과 비교하지 않기'이다.**

유학 생활 중에 나를 가장 불행하게 했던 건 바로 다른 사람과 나를 비교하는 것이었다. 주변 사람들은 나보다 잘 사는 것 같은데 나만 힘들게 느껴질 때가 있다. 부모님이 고급 승용차로 차를 바꿔준 친구 부부, 출산했다고 시어머니에게서 명품가방을 선물로 받은 유학생, 한국에서 지도교수가 팍팍 밀어준다며 자랑하던 동기. 이렇게 나를 초라하게 만드는 다른 사람들과 나를 비교하면 할수록 나 자신만 불쌍하게 만들게 된다. 그래서 나 자신만 바라보기로 하고 쓸데없이 남들과 비교하지 않기로 했다.

교육학에서 부모나 선생이 한 아이를 다른 아이와 비교하는 것은 굉장히 위험하고 잔인한 행동으로 본다. 한 아이의 작년과 오늘을 비교하여 얼마나 성장했는지를 보는 것은 건강한 비교일 수 있으나, 첫째와 둘째, 혹은 이웃집 아이와 내 아이를 비교한다는 것은 아이의 자존감을 떨어뜨리고 결국 성장에 부정적인 영향을 미치기 때문이다. 요즘 우리의 삶은 타인에게 많이 노출되었기에 피할 수 없이 늘 비교를

당하기도 하고 스스로를 타인과 비교하기도 한다.

대부분 사람은 소셜미디어에 힘든 순간보다는 기쁘고 행복한 순간을 사진에 담아 올린다. 나 또한 아이의 성장 과정 중 기쁜 순간을 포착하여 종종 올리곤 했다. 그러다 보니 "미국에서 자리 잡고 행복하게 잘 먹고 잘 사네"와 같은 이야기를 듣곤 한다. 다른 사람들도 마찬가지로 소셜미디어에는 보기 좋은 것들을 위주로 올리는 것이다. 우리는 늘 그것에 속고 산다. 비교 대상에 따라 나의 행복 지수가 오르락내리락하는 것이다. 눈물 나게 슬프거나 힘든 순간에 사진을 찍지는 않는다. 소셜미디어에 보이는 짧은 순간순간은 진실한 삶이 아니라는 생각에 계정을 비공개로 돌리기로 했다.

한 국제학술지에 성인 170명을 대상으로 진행한 우울증 관련 연구 결과가 소개되었다. 헝가리 부다페스트공립대 연구팀은 2020~2021년 사이 소셜미디어의 사용 습관과 우울증의 상관관계를 비교 분석한 결과, 소셜미디어에 일상을 자주 공유할수록 우울증 발병 확률이 높아진다는 연구 결과를 밝혔다. 소셜미디어에 올라오는 사진과 영상은 늘 대중에게 공개되어 있기에 다른 사람들이 올린 포스팅과 비교를 하게 된다. 그럴수록 상대적 박탈감을 느끼게 되고 더 나아가 우울증까지 오기도 한다.

나에게도 행복해질 권리가 있다

주변 사람들과 대화하다가 가끔 "지금 행복하냐"고 질문해 본다. 무엇이 행복한지, 불행하게 하는 것은 무엇인지 역시 물어본다. 놀랍게도 직업, 건강, 자녀, 다양한 면에서 부족함을 찾아볼 수 없이 많은 것을 갖춘 사람들이 이 질문에 상당히 당황스러워하는 모습을 보인다. 타인과 비교했을 때 분명 더 나은 삶을 살고 있는 것 같은데 정작 본인은 행복하지가 않다는 것이다.

행복을 위한 마음가짐 중 '타인과 비교하지 않는 것' 외에 또 중요한 것은 '감사하는 마음'이다. 동네 서점에서 감사 일기장을 본 적이 있다. 매일 감사한 것 한 가지씩 쓰는 메모장 같은 일기장이었다. **남들과 내 삶을 비교하지 않고 내 삶을 객관적으로 들여다보니 지금 나에게 주어진 삶이 부족한 게 없고 감사할 일이 참 많다.**

— 불임인 줄 알았는데 건강한 아이가 둘이나 태어났다.

— 공부하는 게 힘들지만 늦은 나이라도 공부를 할 수
  있었음에 감사하다.
— 나의 가능성 하나만을 보고 믿어주던 남편과 지도
  교수님이 있다.
— 혼자라고 생각했는데 주변에 항상 나를 도와주려
  는 따스한 손길들이 있었다.
— 솔직히 나의 모든 삶에 부족함이 없다.

감사일기를 쓰다 보니 나의 인식이 조금씩 변하는 것을
확인할 수 있었다. 행복해지기 위해서는 삶에 대한 태도를
바꿔야 한다. 우선 나를 초라하게 만들거나 열등감을 일으
키는 것이라면 남들과 나를 비교하지 않는다. 그리고 내가
누리고 있는 삶에 대해 감사할 줄 알아야 한다.

3

교수를 그만두기로 했다

엄마는 바로 내 편이 되어주었다

숨통을 조이는 일이 출근이라면 숨통을 트여주는 일을 찾으면 된다. 이것이 조기 은퇴라는 결론까지 이르게 해주었다. 은퇴라 하면 왠지 다 포기하고 물러서는 것처럼 보일 수 있으나, 조금 다른 각도에서 생각해 보면 꽤 긍정적일 수 있다. 그동안 열심히 달려왔고 모든 것을 이루었으니 이제 억지로 붙어 있지 않아도 가슴이 뛰는 삶을 살 권리를 찾아 떠나는 것으로 결론을 내렸다.

"그래, 은퇴해라. 할 만큼 했다."

은퇴하고 싶다는 말에 망설임 없이 동조해 주니 속마

음을 내놓기까지 뜸 들였던 시간이 허무하기까지 했다.

"네가 일을 못 해서 학교에서 쫓겨나는 게 아니라면 언제까지 가르치느냐는 너의 선택이야."

"나도 알아. 근데 그 선택이 너무 이르면 사람들이 혹시 힘들어서 중도에 포기했다고 할까 봐."

"너만 떳떳하면 되는 거야. 포기라고 하기엔 이미 많이 왔다. 애를 둘이나 낳고, 교수가 되고, 정년 보장도 받았는데 이제는 포기가 아니라 이룰 거 다 이루었으니 당당하게 떠나도 되는 거지. 누가 뭐라든 뭔 상관이야."

"엄마는 딸이 미국에서 교수라는 게 자랑거리 아니었어? 언제는 가문의 영광이라며."

"누구네 자식이 서울대 간 것만 기억하지. 그 뒤로 군대를 갔는지, 졸업하고 백수로 사는지, 애인은 있는지, 아무도 관심 없어. 영원히 그 집 자식이 서울대 간 것만 기억할 거야. 사람들은 네가 교수가 된 것까지만 기억하지, 그 뒤로는 네가 생각하는 것만큼 한가하게 너한테 관심을 두지 않아."

그것도 맞는 말이다. 어쩌면 나는 아무도 신경 쓰지 않는데 스스로 짊어진 짐을 내려놓지 못하고 있는 것일지도 모른다. 누구도 관심을 갖지 않는 그 짐을 내려놓지 못해 마음이 천근만근이다.

"엄마, 나도 그럴까? 쉬면서 애들 돌보고, 취미 생활도 하고, 좀 여유 있게 살고 싶다."

"그래라. 운동도 다니고, 그냥 널브러져서 드라마도 보고, 카페도 다니면서 커피도 마시고, 이제 잔디도 깎지 말고 사람 써. 둘이 실컷 여행이나 다니고 놀아."

마치 이미 은퇴해서 여유를 만끽하고 있는 것처럼 말이라도 시원시원하게 말해주니 이미 쉼을 얻은 듯 몸도 마음도 회복되는 듯했다.

미국은 자녀가 만 18세가 되기까지 부모에게 양육의 의무가 있다. 둘째까지 키우려면 아직 5년 정도는 더 일을 해야 한다. 마음이야 지금 당장에라도 연구실을 비우고 싶지만 계산기를 두들겨보니 여러모로 대학에 조금 더 붙어 있어야겠다는 결론에 도달했다. 보험 적용이 되는 동안 아이들 치아 교정도 마쳐야 하고, 최근에 시작한 대학원 과정도 학비 면제를 받을 수 있을 때 졸업까지는 해야겠다. 아무리 남편이 번다고는 하지만 아이들이 졸업할 때까지 한국에서 남편 월급을 끌어와서 살기에는 생활이 너무 여유가 없을 것 같다.

"엄마, 곰곰이 생각해 보니 교수를 당장 그만두는 건 무리야. 몇 년만 더 해야 할까 봐. 어디 가서 나 은퇴한다고 벌써 소문낸 건 아니지?"

"내가 미쳤냐? 진짜로 은퇴해야 떠들고 다니지. 그냥 한 말을 갖고 소문을 왜 내냐?"

"그냥 한 말은 아니야. 진짜 본격적으로 조기 은퇴 계획에 들어갔어. 다만 당장이 아니라는 거지."

"솔직히는 그만두지 않는 게 좋지. 그만두고 놀면 뭐 하니? 여기까지 오는 과정이 지금 네가 힘든 거보다 훨씬 더 어려웠잖아. **넌 이미 해냈으니까 이보다 더 한 것도 잘 해낼 거다. 잠깐이 힘든 거야. 이 고비만 넘기면 또 한동안 괜찮을 거야.**"

며칠 전에는 그만두라고 했던 엄마가 오늘은 반전이다. 엄마는 늘 그래왔다. 하고 싶다 하면 하라고 하고, 하기 싫다 하면 하지 말라고 한다. 엄마는 내가 하고자 하는 말을 진심으로 들어준다. 옳은 선택이 아닌 듯해도 일단 무조건 지지해 준다. 엄마랑 실컷 얘기하다 보면 어느 순간 내가 답을 찾아가고 있음을 깨닫게 된다. 선택지를 바꿔서 갖고 가면 그것 또한 맞다고 해준다. 때로는 괜히 물어봤다 싶을 정도로 무조건 이도 저도 맞다 하니 황당할 때도 있다.

"아니, 엄마! 엄마가 생각할 때 뭐가 더 맞냐고. 고민을 얘기하면 좀 진지하게 맞다, 아니다 의견을 얘기해 달라고."

"둘 다 맞다고! 내가 뭐라고 해도 어차피 선택은 네가 하는 거잖아. 내가 하는 말은 결국 잔소리지. 내 의견은 일이 잘 안됐을 때 엄마 탓으로 돌리려는 책임을 회피하는 수단밖에 안 되는 거야."

엄마의 진심을 읽기는 어렵다. 엄마는 내가 교수를 그만두지 않기를 바라지만, 어차피 당장 은퇴 선언을 하지 못할 것이라는 것도 알고 있었다. 우선은 나의 감정을 이해하고 공감해 준 후에 내가 스스로 답을 갖고 올 때까지 기다린 것이다. 늘 그래왔듯이 무관심한 듯 묻지도 다그치지도 않고 기다리고 있는 게 엄마의 양육법이다. 그래서 아무리 쉽게 지지를 받아내는 것 같다가도 선택의 갈로에 놓이면 결정하기가 참으로 어렵다.

엄마는 딸이 교수로 미국에서 당당하고 자신감 넘치게 사는 모습이 늘 자랑스럽긴 하지만, 그 자리가 정신적으로 힘들고 고통스럽다면 차라리 은퇴하는 것이 최선의 방법이라 믿고 지지해 줄 것이다.

마음을 무겁게 하는 것

예민하고 소심하고 남 앞에 나서기를 죽기보다 싫어했던 내가 여러 학생들 앞에 서기까지는 반복적인 훈련과 노력이 필요했다. 수업 외에도 동료 교수들 앞에서 발표하거나 회의를 진행해야 하는 날은 영락없이 편두통을 앓게 된다. 한동안 조금씩 호전되다가 미네소타로 이사 와서는 더욱 심해졌다.

지금 가르치고 있는 대학은 지역 특성상 백인이 대부분이다. 미국은 워낙 인종이 다양한데 유독 내가 살고 있는 동네의 인구는 참 특이하다. 이곳에서 태어나서, 이곳에서 자라고, 이곳에서 대대로 자리를 잡은 사람이 대부분이다. 큰 도시로 나가는 사람도, 타 지역에서 유입되는 인구도 극히 드물다. 관광지도 아닌지라 맘먹고 벗어나지 않으면 다양한 인종에 노출되기 힘든 곳이다. 미국 어디를 가나 흔히 볼 수 있는 중국인이나 멕시칸도 없는 이 지역이 참 신기하기만 하다. 특히 교육대는 학생도 교수도 모두가 백인이고 나만 백인이 아니다.

나만 외국인이라고 스스로 위축되거나 기죽은 적은 없었다. 특별히 심한 인종차별을 경험한 것은 아니다. 대놓고 인종차별을 하지는 않는다. 당시에는 몰랐는데 다시 생각해 보면 기분이 나쁠 때가 있다. 그들은 의도하지 않았겠지만 잠재된 선입견이나 가치관이 말과 행동으로 역력히 드러날 때가 있다. 문제는 그들은 본인들의 무지함조차도 모른다는 것이다. 이런 일이 반복되다 보면 인종차별이 아닌 일도 인종차별이 아닌지 의심하는 시점이 온다.

내가 임용된 후 나와 같이 백인이 아닌 두 명의 교수를 채용하긴 했다. 하와이에서 태어난 필리핀계 미국인과 영어가 모국어인 흑인 교수이다. 두 교수는 딱 2년만 버티고 이 대학을 떠났다. 그들이 떠난 이유는 하나같이 똑같았다. 일이 힘들어서가 아니라 마음을 무겁게 하는 이곳의 백인 우월주의 문화 때문이다.

이 학교에서 2년 차가 지나면서 이직을 한 번 생각했었다. 나는 힘들어도 아이들이 잘 적응하고 있기에 또다시 이사해서 전학을 시키기는 것은 사춘기에 너무 가혹한 짓이었다. 또한 악몽 같은 이곳에서 나간다고 한들 다른 대학은 절대 그렇지 않을 것이라는 보장이 없지 않은가.

수영장 물을 바꾼다고 수영을 더 잘할 수 있는 게 아니듯, 지금 있는 이 환경에서도 나는 끝까지 헤엄쳐 가리라 다짐했고 지금도 그렇게 완주를 할 자신은 있다. 마음만 먹으면 아무리 힘들어도 연금이 나오는 만 67세까지도 일할 수 있다. 하지만 이것만이 선택이 아니라면 굳이 여기서 허우적거릴 필요가 없다. 나에겐 더 나은 선택을 할 권리가 있기에 교수를 그만두기로 한 것이다.

주변 사람들은 아깝다며 다시 생각해 보라며 말리기도 하고 말만 그렇게 할 뿐 막상 그만두지는 못할 거라며 비웃기도 한다. 그 사람들의 말도 틀린 것은 아니다. 하지만 그들과 나는 행복의 기준과 삶의 목표가 다르다. 교수는 박사 학위를 취득한 사람이 할 수 있는 수많은 직업 중의 하나일 뿐, 내가 평생 대학에서 가르치는 교수여야만 할 이유는 없다. 교수 외에도 나는 하고 싶은 일, 할 수 있는 일, 즐길 수 있는 일들이 많다.

그동안 믿어왔던 행복해지기 위한 조건은 조금도 내가 정한 것이 없다. 교수라는 명예도, 돈도 행복의 기준이 될 수 없다. 되려 그 명예를 지키려다, 돈을 벌기 위한 풀타임 직업을 포기하지 못하고 버티다가 불행을 자초했다. 지금 내가 행복해지기 위한 조건은 건강, 사랑, 자율성, 그리고 월급보다 훨씬 큰 보상의 즐거움이다. 행복은 선택이고 나에겐 그 행복을 선택할 권리가 있기에 기분 좋게 떠나기로 했다.

엄마에게 말했듯이 지금 당장 은퇴를 할 상황은 아니지만 본격적으로 조기 은퇴를 계획하고 준비하기 시작했다. 이민 가방 하나 끌고 아무도 없는 미국에 온 내가 조기 은퇴를 꿈꾸다니. 늦은 나이였지만 공부해서 교수가 된 것만으로도 내 인생 최고의 도전이었고 나는 최선 중에 최선을 다했기에 후회는 없다. 공부는 내 인생에서 가장 보람 있는 고생이었고 최고로 훌륭한 투자였다.

험한 산길을 가까스로 올라와 "야호"를 외치고 주변을 둘러보니 산 넘어 산 중에서 아주 작은 봉우리의 정상에 올라와 있는 나를 발견했다. 게다가 지금 서 있는 이곳이 내가 오를 산이 아니라는 것도 깨달았다. 한번 올라서 보니 다른 산도 충분히 탈 수 있을 것 같다.

새로운 목표가 생기니 학교생활이 훨씬 수월해졌다. 조금만 더 하면 은퇴를 한다 생각하니 떠난 내 자리가 욕되지 않게 남은 기간 동안 잘하고 싶은 욕심도 생겼다. 나를 힘들게 하는 사람들에게도 친절해질 수 있는 너그러움이 생겼다. 적절한 선에서 거절할 수 있는 용기도 생기고 감당할 수 있다면 기꺼이 도와줄 수 있는 여유도 생겼다.

조기 은퇴를 준비하려다 영원히 은퇴하지 않게 될 수도 있겠다는 생각이 들 정도로 평온해졌다. 잃을 게 없는 사람이 가장 무섭다고 했다. 나는 이제 무서울 것이 없다. 다만 은퇴 후의 삶에 대한 계획으로 몹시 설렐 뿐이다.

나를 먼저 챙기는 일

열심히 일한 당신 질러라

자동차 점검을 받으러 가서 대기하는 동안 멋진 스포츠카 한 대가 눈에 들어왔다. 몇 개월 전에 나에게 새 차 키를 건네주었던 딜러가 다가와 이것도 한번 타보라며 운전석 문을 열어주었다. 구입하지 않을 고객이 확실함에도 불구하고 매우 친절하게 설명까지 해줘 가며 차를 구경시켜 주었다. 그리고 사진도 찍어가라며 양쪽 팔을 벌려 자동차를 가리켰다. 이게 어떤 마케팅 역할을 하는지는 모르겠지만 확실히 마음이 움직이기는 했다.

가끔 지나가는 스포츠카에서 노부부가 바람에 백발을

날리며 여유 있게 햇살을 만끽하는 모습을 볼 때 나 또한 그럴 날이 올지 상상하곤 한다. 당장은 아니더라도 백발이 되기 전에 차를 바꿀 때가 되면 한 번쯤 고려해 봐야겠다는 간절한 희망이 생겼다. 그리고 나중에 진짜 차를 바꾸게 되면 꼭 이 딜러에게 다시 와야겠다는 다짐까지 하게 되었다.

딜러에게 홀려 그때 찍은 사진을 소셜미디어에 올렸다. 월급쟁이에게는 꿈만 같은 그 스포츠카 사진에 고등학교 동창이 "열심히 일한 당신 질러라"는 댓글을 남겼다. 무슨 생각으로 남겼는지 그 속은 알 수 없으나 이 댓글이 가슴 벅차게 위로가 되었다. 마치 "나는 네가 열심히 일한 거 다 알고 있다. 너도 이 정도쯤 누릴 자격 있어. 그러니까 원하면 질러도 돼"라며 위로하는 것 같았다.

그 뒤로 나를 위해 무언가 결정을 해야 하는 순간에 망설여질 때마다 그 친구가 나한테 직접 말해주는 것 같이 그 댓글이 귓가에 맴돌기 시작했다. 나는 절대로 무분별하게 사치하는 사람도 아니고 물질에 대한 큰 욕심도 없다. 하지만 이 문구가 굉장히 큰 위로와 힘이 된다.

우리도 모르는 사이에 우리 인생에는 평가와 제지가 참

으로 많다. 나이, 성별, 직업, 종교 등으로 인해 사회가 만들어놓은 틀에서 벗어나면 지탄받을 때가 있다.

"교수답지 않게 말이야."

"나이에 안 어울리게 치마가 너무 짧은 거 아니야?"

"굽이 너무 높은 거 아니야?"

이럴 때 "열심히 일한 나는 질러도 된다"라고 스스로에게 용기를 북돋아준다. 이렇게 해서 나는 아메리카노 대신 프라푸치노를 주문한 적도 있었고, 입고 싶은 짧은 가죽치마를 구입하기도 했다. 큰돈이 아니지만 가끔 이런 작은 행위는 스스로가 남들만큼이나 값어치가 있는 존재라는 것을 인식시켜주기도 한다. 물질적인 부분뿐만 아니라 편하게 낮잠을 잤던 날도 있었고, 여유 있게 멍 때리며 내리는 비를 음미하며 차를 홀짝거린 날도 있었다. 열심히 일했으니 남들 부리는 여유를 나도 부릴 자격이 있지. 이렇게 스스로에게 주는 보상이 굉장한 힘이 있다는 것을 깨달았다.

우울증이 오면 가장 힘든 점이 나의 존재가 수치스럽게 느껴질 때이다. 삶에 대한 아무런 의미도 없고 내가 살아 숨 쉬는 이유가 없다고 느껴질 때, 순간 사라져 버리고 싶은 생각까지 하게 된다. **"살아도 돼, 너는 그럴 자격 있**

어"라고 말해줄 사람이 없다면 내가 나에게 손을 내밀어
주면 된다.

한국에 들어가면 이 동창을 꼭 만나고 싶다. 만나면 뼈
가 으스러지도록 힘껏 안아주고 고맙다고 인사하고 싶다.
그리고 나도 이 친구에게 말해줄 것이다. "열심히 일한 너
도 질러라."

나의 존재 자체만으로도 내 삶을 충만하게

마음이 무겁고 머릿속 생각이 복잡하니 눈에 보이는
모든 것들이 나를 짓누르는 것 같았다. 같은 공간임에도 불
구하고 퇴근해서 집에 오면 눈에 거슬리는 게 너무 많아졌
다. 심지어 집안에 들어오면서 신발을 벗어 놓은 발판이 걸
리적거리고 소중히 아끼는 앤틱 가구들은 무겁게만 느껴졌
다. 모든 걸 내려놓고 비우고 싶어졌다. 대청소를 하자니 엄
두가 나지 않아 매일 조금씩 마음과 함께 물건을 정리하기
시작했다. 좋아하는 인상파 화가들의 작품도 벽에서 내리고
못자국을 메꾸는 작업을 하니 여백의 미를 감상할 수 있었
다. 차츰 눈과 마음, 몸과 생각에 쉼이 찾아오기 시작했다.

가난한 유학생에게 생긴 나쁜 습관 중 하나는 언젠가

또 필요할 때 다시 사야 한다는 부담감 때문에 버리지 못하고 저장해 두는 것이다. 절약이든 미련이든 어쨌든 이런 가난한 마음이 무색하게도 세상은 급변하여 쟁여두고 있던 물건이 아무 쓸모짝에도 없는 골동품이 되어버렸다. 물건들을 정리하다 보니 첫째에게 틀어주던 비디오테이프까지도 나왔다. 둘째 키울 때 쓰려고 보관해 두었는데 그새 둘째는 이미 DVD를 스킵하고 아이패드로 넘어간 세대였다. 굽이 닳은 신발, 살 빼면 입겠노라고 모셔둔 옷들, 흠집 난 프라이팬, 이제는 손길도 안 가는 장난감들, 어울리지 않는 장식품들, 연구실 서랍 속 옛날 명함까지도 비워냈다. 체기가 가시는 듯 마음이 가벼워지기 시작했다.

물건을 정리하며 우울증 뿐만 아니라 내 삶이 호전되는 것을 체감했다. 언젠가 어차피 버려질 물건에 대한 욕심도 함께 버리면서 소비가 줄었다. 유학생 때와는 달리 이제는 또 필요하면 언제든지 살 수 있다는 생각에 마치 부자라도 된 듯 기분이 좋아졌다. 정리한 물건을 기증하고 주변에 필요한 사람들에게 나눠주면서 뿌듯함도 더해졌다. 집안에 물건이 비워지면서 동선도 짧아지고 청소할 거리도 줄었다. **이제는 물건으로 나를 채우기보다 나의 존재 자체만으로도 내 삶이 충만하게 되었다.**

5

가슴 뛰게 하는 삶

나를 사랑하게 되었다

물건에는 참 많은 의미가 담겨 있기에 미련을 버리지 못해 쟁여두게 된다. 물건을 정리하며 옛 추억에 잠겨 잠시 멍 때리는 시간을 갖다가 피식 웃기도 하고 한동안 연락이 끊겼던 동창에게 문자를 보내기도 했다. 남편이 처음으로 사준 블라우스, 가족여행 가서 큰맘 먹고 면세점에서 샀던 가방, 친구와 여행 갔을 때 사 온 기념품 등 즐거운 추억들이 새록새록 떠올랐다. 그 추억들을 소중하게 마음에 간직하기로 했다. 물건은 언젠가 없어지는 것이니 지금 정리하고 추억은 기억 속에 영원히 남겨두기로 했다.

원래 명품에 환장하는 사람도 아니었지만 정리하기가 힘들었던 것은 몇 안 되는 값비싼 물건들이었다. 걸치고 나갈 곳도 없는 옷, 신발, 가방들을 옷장에 모셔둘 필요가 없다는 생각이 들었다. 도저히 포기하지 못하는 가방 두어 개만 남겨두고 죄다 팔아버렸다. 그렇게 팔아서 생긴 현금으로 대신 명품 주식을 샀다. 내 손에는 없고 내 눈에는 보이지 않지만 명품을 소지하고 있는 것이나 마찬가지인 셈이다. 물건은 닳게 되지만 주가는 오르니 이 또한 즐거운 일이 아닐 수가 없다.

명품으로 나를 꾸미지 않아도 나 자신이 귀한 존재라는 것을 깨닫게 되었다. 겉치레로 아무리 꾸며대도 돼지 목에 진주 목걸이 걸어놓은 것 마냥 가치가 드러나지 않는 사람이 있고 화려하게 꾸미지 않아도 빛이 나는 사람이 있다. 남들이 세워둔 기준에서 벗어나 나 자신을 바라보는 마인드를 조금만 바꾸니 명품 따위에 집착하지 않아도 나를 사랑할 수 있게 되었다.

물질을 포기하고 나 자신에게만 집중하니 보이는 것들이 생겼다. 내 정신과 마음이 알차게 찬 후에야 명품을 걸치지 않아도 나 자체로도 귀한 존재임을 깨닫게 되었다.

나를 더 사랑하기로 했다. 아이를 낳고 나이가 들어 불어난 살을 증오했었다. 그 증오는 나 자신을 미워하고 자신감을 떨어뜨리는 악마와도 같았다. 입지도 못하는 옷을 언젠가 살이 빠지면 다시 입겠노라고 버리지 못하고 갖고 있을 필요가 없었다. 살은 빠지는 게 아니라 빼야 하는 것이기에 빠지기만을 기다리기보다 빼려고 노력을 해야 한다.

그래서 운동할 시간이 없다고 탓하기보다 운동할 시간을 만들기로 했다. 운동은 내가 자신감을 되찾을 수 있는 방법이기도 하고, 나도 변할 수 있다는 것을 스스로 증명해 보이기 위한 도전이기도 하다. 나의 목표는 바디프로필 사진을 찍을 정도로 대단한 몸매를 만드는 것은 아니다. 아무거나 걸쳐 입어도 당당하고 마음이 편안한 정도였으면 좋겠다. 그렇게 몸과 마음이 둘 다 건강하게 사는 것이 진짜 목표이다.

가슴 뛰게 하는 추억을 찾다

물건을 정리하다가 와락 눈물이 터져버렸다. 우울증이 오면 시도 때도 없이 주체할 수 없는 눈물이 터져 또 시작이네 싶었다. 하지만 이번 눈물을 매우 특별했다. 내가 살아 있음을 느끼게 해주는 감격의 눈물이라고나 할까.

이사 온 이래 한 번도 열어보지 않았던 TV 스탠드 문짝을 열었다. 다수의 CD가 가지런히 꽂혀 있었다. 남편과 영어 공부한다고 열심히 돌려가며 보던 시트콤 〈프렌즈〉가 시즌별로 있었고, 10대 20대를 가득 채워준 음악들, 그리고 그 어떤 문화보다도 사랑했던 뮤지컬 OST가 가득 있었다. 숨이 벅차게 심장이 뛰기 시작했다. 마치 알라딘 요술램프 뚜껑을 연 것만 같았다. 신혼의 로맨틱을 영어공부로 지내던 추억, 난생처음으로 갔던 〈Natalie Merchant〉의 콘서트, 단 한 번의 관람으로 뮤지컬을 사랑하게 만든 브로드웨이에서의 〈Les Misérables〉, 선물 받은 음악 CD 등을 천천히 넘겨보았다.

나에게도 가슴 뛰는 삶이 있었다는 사실을 확인하는 순간이었다. CD플레이어는 진작에 없앴기에 음악 어플로 들어보기 시작했다. 기쁨의 눈물을 훔쳐가며 재생목록에 저장하기 시작했다. 사춘기를 달래주고, 힘들 때 위로가 되어주고, 외로울 때 함께해 주던 음악들이 어느새 스멀스멀 내 일상에서 사라져 버렸다. 지금은 특별히 좋아하는 가수도 없고 마음을 움직이는 노래도, 뮤지컬도 없이 서서히 감정이 매말라간다. 문화생활은 이따금씩 막혀가는 숨통을 트여주는 하나의 분출구이다.

한때 뮤지컬 배우가 되는 게 꿈이었다. 몸치 박치인 내가 정말 되어보고 싶은 장래 희망이 아니라 몽상에 가까운 꿈을 갖고 살 때가 있었다. 지하철에서 눈을 감고 뮤지컬 OST를 들으며 비현실적인 꿈을 꾸곤 했다. 무대 위에서 주인공이 되어보는 상상을 할 때 잠시나마 현실에서 벗어나 행복감에 젖어보기도 했다. 그런 몽상을 통해 현실과 꿈을 드나들 수 있는 여유는 어디로 사라진 것인가? 너무 이상적으로 치열한 현실을 이겨내며 살다 보니 정신병에 걸려버린 것 같다. 가슴 뛰게 하는 것을 다시 해보기로 했다.

가슴 뛰게 하는 뮤지컬, 살게 만드는 추억의 노래, 혼자 있을 때 듣고 싶은 노래, 공부, 운동 등 재생목록은 집 안 가득 차있던 물건 대신 음악으로 나의 추억을 채워주고 있다. 집안일을 할 때, 호텔에서 아르바이트를 할 때, 운동을 할 때 재생목록 속 음악은 내 가슴을 뛰게 만들고 나를 다시 살아 숨 쉬게 해준다. 나처럼 힘들어하는 친구가 있다면 꼭 이 말을 해주고 싶다.

"넌 무엇을 할 때 가슴이 설레니? 앞만 보고 달릴 필

요는 없어. 가끔은 뒤도 돌아보고 너의 가슴을 뛰게 했던 그 추억을 회상하는 시간을 가져도 돼. 네가 좋아하는 일을 꿈꾸는 몽상가가 되어보렴. 현실에서만 살다가는 숨통이 끊길 수도 있어."

6

단순하면 행복해지는 삶

단순하고 사소한 일

조기 은퇴를 결심하고 마음의 짐을 내려놓고 나니 내 삶이 단순해지고 행복 지수는 높아지는 것을 실감하고 있다. 옷장에 있는 옷이 줄고 나니 무엇을 입을지 고민하는 스트레스가 줄었다. 대신에 아무거나 꺼내 입어도 괜찮은 몇 벌로 번갈아 가며 입으니 마음이 편해졌다. 일상을 단순하게 하려면 생각을 단순화할 필요가 있다.

하고싶은 게 없을 때 무기력해지게 되기 마련이다. 사실 둘러보면 늘 해야할 일들이 있다. 단지 우울모드에 들어가면 아무것도 하고 싶지 않고 해야 할 이유도 찾지 못한다.

그래서 평소에 매우 단순한 일이 생각날 때 마다 수첩에 적
어놓는다. 그리고 잠시 무기력해질때면 이때다 싶어 적어
두었던 단순하고 사소한 일들을 실천한다. 가령 전등 닦기,
물 다섯 잔 마시기, 스트레칭 10분 하기, 책상 서랍 정리, 창
문 블라인드 달기, 문짝 손잡이 교체, 핸드폰 사진 정리, 이
메일 삭제, 창틀 닦기, 화장실 서랍 정리, 두 명의 친구에게
안부문자 보내기….

　적어두었던 일들을 보면 없던 의욕이 생기고 움직이게
된다. 작은 일이지만 완성했을 때 느끼는 자부심이 매일 조
금씩 축적된다. 여기서 배운 점이 있다. 대단한 목표만을 세
울 필요는 없다. **단기간에 실천이 가능한 목표를 많이 세
울 수록 목표를 달성하기가 쉽다. 그럴수록 성취감을 느
끼는 빈도수가 잦기때문에 자주 기분이 좋아지고 행복해
진다. 조금 더 행복해지려면 행동도 생각도 더욱 단순해
질 필요가 있다.**

먹으면 똥이 되는 밥

　단순한 식단이 우울증에 도움이 될 수 있을까? 노동시
간을 줄이기 위해 아침을 각자 간단하게 챙겨 먹기 시작했

다. 아이들은 한동안 토스트와 시리얼을 먹다가 질렸는지 계란프라이에 베이컨을 구워 먹기도 하고 여유가 있을 때는 팬케이크를 해먹기도 한다.

어, 이게 되는구나. 진작부터 내가 다 해줄 필요가 없었던 거였다. 어느새 아이들은 이렇게 자라나 있었다. 아이들은 스스로 챙겨 먹을 줄 모르는 게 아니라 그저 엄마가 챙겨주는 음식을 먹어왔을 뿐이다. 나의 우울증은 지나친 엄마 역할을 줄이고 아이들이 하나의 독립된 인격체로 먹고 싶은 것을 챙겨 먹는 자율성을 기르는 좋은 기회가 되었다.

하지만 능숙하게 프라이팬을 다루는 모습이 대견스러우면서도 엄마로서 너무 소홀한가 싶어 차츰 죄책감이 몰려오기 시작했다. 이럴 땐 이유불문하고 무조건 내 편이 되어주는 친정엄마의 힘을 빌려야 하기에 출근길에 한국으로 전화 했다. 예전의 엄마는 늘 무소식이 희소식이라며 무관심한 듯 했는데 요즘에는 하루 일과 중 자식에게서 걸려오는 전화가 가장 반가운 모양이다. 시차가 다르니 잠들기 직전에 전화를 받은 목소리였지만 하나도 안 졸리다면서 기다렸다는 듯이 모녀간의 수다가 시작되었다.

"괜찮아, 미국 사람들 그렇게 먹고 살아도 키만 크더

라. 어차피 먹으면 똥으로 나오는 거 더 잘 챙겨 먹인 다고 황금 똥을 싸니 어쩐다니? 무엇을 먹고 사느냐가 중요한 게 아니라 먹은 음식으로 무엇을 하며 사느냐 가 중요한 거다. 지금 그렇게 먹고사는 게 최고의 교육 이니까 아무런 걱정할 것이 없다."

확실한 위로가 되었다. 어렸을 때부터 엄마가 항상 하던 익숙한 말이 있다. "그 밥 먹고 똥만 쌀래, 인간 구실 하고 살래?" 어린 마음에 밥값은 하고 살아라 쯤으로 이해했던 것 같다. 그렇다고 별나게 잘해 먹이는 것도 아니었으며 살림을 잘하는 엄마는 더욱이 아니었다. 이름 모를 반찬이나 찌개가 밥상에 올려질 때가 종종 있었다. 분명 무언가를 만들어보려다 실패하고 되는대로 이것저것 섞어 넣고 뚝딱 내놓은 작품이었다. 반찬 투정이라도 하려면 음식 먹을 자격도 없다며 밥그릇을 빼앗아 버리던 엄마였기에 뭐라도 배를 채우면 감사한 일이라 생각하며 자랐다. 내가 커서 엄마가 되면 밥상과 도시락은 알록달록 화려하게 싸주고 간식은 먹기 좋게 잘라서 예쁜 접시에 담아주겠다는 꿈을 꾸기도 했다.

아이들을 두고 학회에 다녀오느라 장기간 집을 비워

야 할 때 엄마가 한국에서 와준 적이 있었다. 나름 정성을 다하여 저녁식사를 차리는 나를 보던 엄마는 예전과 같은 말을 했다.

"이것도 먹고 저것도 먹으면 위에서 지들이 알아서 섞어주는데 뭘 그렇게 예쁘게 차려 먹는 게 중요하냐? 먹으면 어차피 똥 되는 밥. 너도 바쁜데 적당히 해 먹여라."

그때는 그저 털털한 엄마가 성의 없게 차려주는 밥상이라고만 느껴졌었다. 마음의 병을 앓고 나서야 어차피 똥 되는 밥이 가장 건강한 밥이라는 것을 이제야 알게 되었다. 엄마의 정신은 나보다 평안하고 건강하다. 엄마의 철학이 옳았다. 육신이야 이렇게 먹으나 저렇게 먹으나 어차피 영양분은 섭취하게 된다. 육신보다 정신 건강을 챙겨야 한다면 엄마처럼 털털해도 괜찮다. 지금보다 더 털털해지기로 했다. 그리고 차려 먹이는 일이 소홀하거나 성의가 없다며 자책하지 않기로 했다. 놀랍게도 나 혼자서만 부족하다고 생각하고 자책했을 뿐 아이들은 어떻게 차려주던 아무런 불평 없이 잘만 먹고 잘 성장하고 있다.

듣고 싶은 말만 해주는 알람

인간에게는 보고 싶은 것만 보고, 듣고 싶은 것만 듣게되는 '확증 편향'이라는 심리가 있다. 나에게 이롭고 내가 필요로 하는 정보에게만 자꾸 눈이 가는 것도 이러한 심리에서 비롯된 것이다. 최근 "Be kind to yourself(너 자신에게 친절하라)"라는 슬로건을 자주 보게 된다.

학생들에게, 내 아이들에게, 영상을 통해 개인적으로 연락해 오는 사람들에게 위로와 칭찬을 하고 나면 어느새 나의 에너지가 소진되고 마는 것을 느끼게 된다. 감정 노동으로 피곤해진 상태를 영어로 "I am so drained"라는 표현을 쓴다. 배수라는 뜻의 'drain'에서처럼 내 몸에서 모든 기가 다 빠져나가듯 몹시 탈진한 상태를 뜻한다. 이럴 때 급속 충전이 필요하다. "Be kind to yourself!" 나를 조금 더 돌아보며 챙겨주고, 아껴주고, 존중해 주고, 칭찬해 주고, 남들에게 하는 것만큼 나에게도 친절해 보기로 했다.

스스로에게 자꾸 상기시켜줘야 하는데 바삐 살다 보면 쉽게 잊게 된다. 책상 앞에 써놓긴 했지만 같은 장소에 움직임 없이 붙어 있는 것은 눈에 잘 들어오지도 않는다. 결국 책상을 정리할 때 쓰레기통으로 들어가게 된다. 그래서 주기적으로 상기시켜 줄 수 있게 알람을 맞춰놓았다.

- **6:00**   굿모닝! 오늘도 잘할 거야.
- **6:30**   운동하면 몸도 마음도 건강해져.
- **7:00**   다른 사람들이 나에 대해 뭐라고 평가하든
            그건 내가 상관할 바가 아니야.
- **7:30**   괜찮아. 난 잘하고 있다.
- **15:50** 나를 사랑하는 딸들 데리러 가기.

　매일 같은 시간에 울리는 알람임에도 불구하고 알람을 끌 때마다 처음 보는 것처럼 읽고 생각하게 된다. 아, 맞다! 내 딸은 나를 사랑하지? 괜찮아, 난 잘하고 있는 거야. 누가 뭐라든!

　미국에서 가르치는 많은 교수가 공통적으로 느끼는 미국 학생들과 한국 학생들의 차이점이 있다. 같은 일을 하고도 미국 학생은 자기가 한 일을 자신 있게 구체적으로 서술하는 반면, 한국 학생은 겸손하다 못해 밤새며 한 일도 사소한 일 마냥 드러내지 않는다는 것이다. 나 또한 쑥스러워

서 잘 한 일도 티 내지 않으려 한다. 이것이 위험한 게 나는 어려운 일도 그저 묵묵히 해내는 사람이니 더 많은 일을 던져줘도 괜찮은 사람으로 간주해 버린다.

나 자신에게 조금 더 솔직해져 보자. 나도 잘했다 칭찬 듣고 싶고, 괜찮다 위로를 받고 싶다. 그것이 욕심이나 자만이 아니다. 나도 그저 한 인간이기에 칭찬에 기분이 좋아지고 동기부여가 되는 것은 자연스러운 일이고, 힘들 때는 위로를 받아야 더 나아갈 수 있는 힘이 생긴다. 그래서 솔직하게 듣고 싶은 말만 해주는 알람을 설정해 보니 정신 건강에 상당히 도움이 된다.

7

행복의 조건

솔직해지고 나서야 동지를 만나다

최근 한 달 사이에 두 명의 자살 소식으로 동네가 떠들썩했다. 한 분은 딸아이가 다니고 있는 학교 선생님이었고 다른 한 분은 딸아이가 활동하는 오케스트라 단원 중 한 명이었다. 주변에서는 안타까워하며 애도를 표하는 이들도 있었고, 어떻게 가족을 두고 그렇게 극단적인 선택을 할 수 있었냐는 질타도 있었다.

그 고인이 나일 수도 있었다는 생각에 꼭 나보고 들으라고 하는 말 같았다. 극단적인 선택을 하기까지 얼마나 힘들었을지, 가족이나 친구들이 알고는 있었는지, 도움을 요청해보기는 했는지, 지원은 받았는지 등 고인을 깨워 물어보고 싶었다. 나 자신에게도 물어보았다. 나는 힘들다며 도움을 요청해 보기는 했는지, 내 가족도 모르는 내 상태는 어떤지, 나는 솔직할 수 있었는지….

우울증은 내 잘못이 아니다. 그러니까 숨기려고 애쓰지 않아도 괜찮다. 나에게 솔직해지고 나서 타인에게도 솔직해질 수 있었다. 그렇게 솔직해지고 나서야 누가 나의 동지인지를 알게 되었다. 역시나 진정한 동지는 남편이지만, 남편보다 나의 상태를 더욱 확실히 즉각적으로 파악하고 공감해 준 사람은 놀랍게도 지도 교수님이었다. 교수님은 유전성 우울증으로 성인이 된 이후 평생 약물 복용과 운동으로 관리한다고 털어놓았다. 모차르트, 베토벤, 고갱, 고흐, 마크 트웨인, 로빈 윌리엄스 등과 같이 세상 사람들이 인정하는 훌륭한 사람들도 심한 우울증에 시달렸다는 사실도 더해주며 위로해 주셨다. 석박사 기간 내내 7년간을 가까이 지내면서도 전혀 눈치채지 못했는데 우울증을 앓고 있음에도 불구하고 늘 프로페셔널한 모습만 보이셨던 교수님 또한 참 힘드셨겠다는 생각에 마음이 짠하면서도 동지를 만난 것 같아 반갑기도 했다.

전화 한 통만으로도 항생제 처방을 해주던 의사 친구가 있었다. 미네소타로 이사오면서 연락이 끊겼는데 오랜만에 안부 문자가 왔다. 여행 중 이쪽을 지날 일이 있어 문득 생각났다고 한다. 단기간에 우울증 치료가 가능한 항생제 같은 약이 있냐고 물었다. 그 친구는 열일 제치고 우리 동네에서 하루 머물고 가기로 결정했다. 만나자마자 본인이 두 번이나 자살시도를 했던 경험을 털어놓으며 무한 공감을 쏟아내 주었다. 어떻게 그 힘든 의대 과정을 다 마치고 재물과 명예를 다 겸한 의사가 자신의 목숨도 하찮게 여길 만큼 우울감에 빠지게 되었는지 그리고 지금은 어떻게 극복하고 관리하며 사는지를 이야기 나누며 우리는 동지가 되었다.

우울증을 직접 경험해 보지 않은 사람들도 큰 위로로 동지가 되어주는 이들이 있지만 모든 사람이 공감하고 이해하지는 못한다. 빨리 기분이 나아지기를 재촉하는 사람도 있고 나약한 정신력을 탓하는 이들도 있다. 원인을 분석하려는 사람들도 있다. 이들은 얼토당토않는 이유를 껴맞춰가며 이치에 맞지 않는 말을 서슴없이 한다. 남편이랑 떨어져 사니까 우울증이 오는 것이라며 남편과 빨리 합치라

던지, 늦둥이를 낳으라, 대도시로 이사를 가라는 등 앞뒤 안 가리고 비현실적인 대안책을 내놓는다. 그들의 원인 분석이 정확하다면 세상에 롱디를 하는 부부나 이혼 한 모든 40대는 우울증에 시달려야 하는 것이다.

이론적 배경도 없고 상담사 자격증이나 정신분석학을 조금이라도 접해보지 않은 사람들이 마치 남의 일인 마냥 이렇게 쉽게 내뱉는다. 근거가 없는 자칫 사이비 같은 이런 조언은 진실되지 못한 사람의 입에서 나온다는 것을 배웠다. 이들은 우울증이 아니더라도 어떤 고민을 믿고 나눌 만한 그릇이 되지 못한다. 옳지 않는 방향으로 해석해 버릴 우려가 있기 때문이다.

모두가 똑같은 모양과 크기의 그릇을 갖고 있는 것은 아니다. 그래서 친구도 지인도 여러 부류로 나뉘게 된다. 위로가 필요할 때 기댈 수 있는 친구가 있는 반면 즐겁게 어울리기에만 좋은 친구도 있다. 솔직해지고 나서야 친구의 종류도 나뉘게 되고 누가 나의 진정한 동지인지를 알게 되었다. 동지가 아니라고 버릴 필요는 없다. 다만 동지가 되어주지 못한 새로운 인연을 만드는 것 보다 지금의 동지들과 잘 지내는 것도 좋은 방법이다. 내가 힘들 때, 그들이 나를 필

요로 할 때 서로에게 믿고 기대고 사심 없이 도움이 되어줄
수 있는 진정한 동지들과 말이다.

좋은 사람들과 어울리고 내일은 더 행복해지기로 했다

삶이 힘들고 마음이 평안하지 않은 가장 큰 이유는 인
간관계이다. 동료와의 갈등, 백인문화에서 느끼는 이질감
과 외로움, 사춘기를 맞이한 딸의 돌변, 그 외 마음을 힘들
게 하는 지인들. 이제는 물건뿐만 아니라 인간관계도 정리
를 해가며 살아야 한다.

- 내가 도움을 주고 싶은 사람, 나에게 도움이 되는
  사람.
- 나를 필요로 하는 사람, 내가 필요로 하는 사람.
- 있으나 마나 한 사람, 있으면 해가 되는 사람.

나의 시간을 빼앗아 가면서까지 자기 이득만 챙기는
이기적인 사람들도 있다. 학생, 동료, 친구, 이웃, 등 이런 사
람들과의 관계를 과감하게 정리하기로 했다. 정리를 한다
고 절교를 하는 것은 아니다. 상처받을 내 마음까지 빼앗기

266

지 않겠다는 나와의 약속을 했다.

　관계를 정리하는 대신 좋은 사람들과 어울리기로 했다. 내 주변에 누가 있느냐는 내가 좋은 옷을 입거나, 좋은 차를 모는 것보다 더 중요하다. 열심히 사는 사람 곁에 있으면 나도 자극받아서 같이 열심히 살게 된다. 몸 관리를 잘하는 친구가 가까이 있으면 나 또한 무의식 중에 몸 관리에 조금이라도 신경을 쓰게 된다. 늘 불평만 늘어놓는 사람 곁에 있으면 내 인생도 불평으로 가득 차게 된다. 긍정적인 사람과 어울리면 나도 긍정의 에너지를 받아서 밝아진다.

　내가 생각하는 내 옆에 두고 싶은 좋은 사람은 내가 뭔가 잘못을 하거나 지금보다 더 잘할 수 있는 것들을 솔직히 이야기해 주고 잘하는 부분은 아낌없이 칭찬을 해주는 사람이다. 쓸데없이 질투하거나 성장을 방해하는 사람은 과감하게 버리기로 했다. 다수의 친구보다 함께 성장할 수 있는 소수의 친구가 낫다.

　어제의 나와 오늘의 나는 다르다. 그리고 내일의 나는 오늘의 나와 또 다르겠지. 어제는 우울했지만 오늘은 괜찮고 내일은 행복해질 것이다. 이 책을 읽는 모든 이들이 오늘보다 내일 더욱 행복하기를 바란다.

나에게 솔직해질 용기

: 나의 감정을 들여다보고 나서야 찾게 된 맞춤형 마인드셋

초판 1쇄 인쇄 2024년 3월 15일

초판 1쇄 발행 2024년 4월 2일

지은이 박성옥

펴낸이 이준경

펴낸곳 (주)영진미디어

출판등록 2011년 1월 6일 제406-2011-000003호

주소 경기도 파주시 문발로 242 파주출판도시 (주)영진미디어

전화 031-955-4955

팩스 031-955-4959

홈페이지 www.yjbooks.com

이메일 book@yjmedia.net

ISBN 979-11-91059-52-6 03190

값 18,800원